裏ワザ Cooking

カンタンレシピブック

裏ワザCookingカンタンレシピブックができました!!

放送で大反響の人気メニューがズラリ!

「簡単スポンジケーキ」や
「裏ワザ・バニラアイス」
「裏ワザ・ビールゼリー」など、
レシピの問い合わせが殺到した
裏ワザメニューを
一挙に掲載してます。

カンタンだからすぐに試してみたくなる!

これまで難しいと思って
作るのをあきらめていた
アノお菓子も裏ワザレシピで
作れば、びっくりするほど
カンタンにできちゃいます。

少ない材料で作れちゃう!

マシュマロと水だけで
透明ゼリーができちゃうなど、
あれこれ用意しなくても、
家にある身近な材料を
使ってできるメニューが
盛りだくさん!

読めばナットクの裏ワザ解説付き!

すべてのメニューに、
裏ワザの仕組みを解説した
「Kirikoのココが裏ワザ!」が
付いているので、
裏ワザメニューの秘密も
バッチリわかっちゃいます。

裏ワザCooking カンタンレシピブック

Contents

カンタン冷たいおやつ

カンタンびっくりおかず

本書を上手に利用するために

Cooking material and tool

この本のレシピに書いてある材料についてのQ&A

バター

Q「無塩」がなかったら普通のバター（有塩）を使ってもできるの？

A バターには、食塩が1～2%含まれているものと、食塩不使用の「無塩」があります。普通のバター（有塩）でも作ることはできますが、味がしょっぱくなったり、できあがりに差がでる場合がありますので、本書を使って作る場合はレシピどおり「無塩」のものを使ってください。

砂糖

Q 砂糖を使うときは、どんな種類の砂糖でもいいの？

A お菓子などのデリケートなレシピでは、砂糖の種類が違うと、味やできあがりに差がでる場合があります。本書のレシピで材料に「砂糖」と書いてあるときは上白糖を、「グラニュー糖」と書いてあるときはグラニュー糖を使ってください。

生クリーム

Q お店ではいろいろな種類の生クリームが売られているけど、どれを買えばいいの？

A いろいろな種類があって迷うかもしれませんが、本書の材料で「生クリーム」とあるときは、乳脂肪分が40%以上のものを使っています。ただし、メニューの中には、45%以上のものを使ったほうがきれいに仕上がったり、植物性ホイップクリームのほうができあがりや味がよくなるメニューもあるので、どれを使うかは、本書のレシピにそってください。

卵

Q 卵のサイズはどれでもいいの？

A 卵は重さによってL、M、Sサイズに分けられますが、本書では、特に明記しているもの以外はLサイズを使用しています。ただし、メニューによってはMサイズを使う場合もあるので、作る前に本書のレシピで確認してください。

バニラエッセンスとバニラオイル

Q バニラエッセンスとバニラオイルの違いってなに？

A バニラエッセンスは水溶性の香料なので、ババロアやアイスなどの冷菓に使われます。バニラオイルは、油性の香料なのでスポンジケーキなどの焼き菓子に使われます。本書では、メニューによって使い分けていますので、レシピにそって使ってください。

計量の仕方

計量スプーン
（大さじ小さじ）の計量方法

本書では「大さじ1」は15cc、「小さじ1」は5ccです。
粉類は、計量スプーンにふんわり山盛りにしてからスプーンの柄などで平らにならし、すり切りで計ります。液体は、表面張力で盛り上がらないよう注意して平らに計ります。

「裏ワザCooking用品」を使ったメニューも載っています！

本書には「裏ワザCooking用品」の特徴を生かして作るレシピがあります。
それぞれの使い方はレシピページに載っています。また、これらの用品は大手量販店などでお求めいただけます。

裏ワザレンジ容器1号
スポンジケーキやプリン、棒々鶏などお菓子からおかず作りまで幅広く活躍します。

裏ワザ スピンアイス
ヨーヨー遊びをしながら手作りアイスやシャーベットが作れちゃいます。

変身ゆでたまご2
ゆでたまごがおにぎり、ソフトクリーム、かぼちゃの3Dの立体型に大変身！
変身した姿を生かしてちょっとしたパーティ料理にも。

変身うずらたまご
うずらたまごに顔が付いてかわいいキャラクターに！
いつものお弁当が楽しく変身しちゃいます。

「裏ワザCooking用品」についてのお問い合わせ先
「伊東家の食卓」番組ホームページアドレス http://www.ntv.co.jp/ito-ke/　☎03-6215-4444（日本テレビ視聴者センター部）

本書をご利用になるときは…

●本書に表示されている分量や材料などは、お試しになる状況等によってできあがりに差が出る場合もありますので、ご了承くださいますようお願い申し上げます。

●本書で紹介されている料理をお試しになる際には、告知・記載されている注意事項を必ずお守りください。

●本書で使用する電子レンジ等の家庭電化製品は、機種や機能、環境など様々な条件により効果が異なりますので、製品の取扱説明書を必ずご参照ください。

●オーブン、オーブントースター等の焼き時間・温度は、機種や電気・ガスの違いによって差がある場合がありますので、本書の表記を目安に様子を見ながら加減してください。

●本書の電子レンジの加熱時間は500Wの場合の目安です。なお、機種によっては加熱時間が異なる場合があります。

●本書にはミキサーやフードプロセッサーを使用する料理があります。これらのカッター部分は危険ですので、十分注意して取り扱ってください。使用の際は、しっかりふたを閉めてからスイッチを入れてください。

カンタン
焼き菓子

これまで面倒だと思ってきた
スポンジケーキや
シュークリームの生地作り。
でも、裏ワザを使えば

と〜ってもカンタンにできちゃいます！

メレンゲを作らなくてもふっくら焼ける！
ミキサーとコーンスターチでケーキ名人に！

簡単スポンジケーキ

材料（直径18cm型　1台分）

薄力粉	100g	砂糖	150g
コーンスターチ	20g	牛乳	大さじ1
ベーキングパウダー	10g	サラダ油	大さじ1
卵（Mサイズ）	4個	バニラオイル	適量

作り方

1 あらかじめオーブンを160℃に温めておく。薄力粉、コーンスターチ、ベーキングパウダーを合わせてふるう。

2 ミキサーの中に卵を割り入れてひと混ぜしたあと、残りの材料を入れ、2～3分攪拌する。これで裏ワザスポンジケーキ生地の完成。

3 型にサラダ油（分量外）を薄くぬる。側面に小麦粉をふり、底にはオーブンシートをしく。2の生地を流し入れて、オーブンに入れる。

4 160℃のオーブンで40分焼く。あら熱を取ってから、好みのデコレーションをする。

P.14にはこの裏ワザスポンジケーキ生地を使って、さらにスピーディに作れるメニューを紹介しています。

Kirikoのココが裏ワザ！

なぜメレンゲなしでケーキがふくらむの？

ケーキを上手に作るポイントは、スポンジをふっくらさせること。それには、メレンゲをしっかり泡立てることが大事ですが、結構メンドクサイですよね。でもこの簡単スポンジケーキなら、ミキサーを使って材料を一気に混ぜるだけで、簡単にふわふわのケーキができちゃうのです。メレンゲはいっさい必要なし！なぜかというと秘密はコーンスターチ。コーンスターチにはケーキのふくらみを邪魔するグルテンをできにくくする性質があり、さらにミキサーでかき混ぜることによって、生地に多少残っているものまで完全にくずしてしまいます。ふくらみを邪魔するものが一切なくなるわけですから、メレンゲを加えなくてもふっくらふくらんだスポンジケーキが誰にでも作れるのです！

sponge
cake

アレンジ

粉砂糖デコレーション

材料（直径18cm型　1台分）

基本のスポンジケーキ（P.10）1台
粉砂糖 ……… 適量
ミモザ（好みで）……… 適量
アンゼリカ（好みで）……… 適量
クッキングシート

作り方

クッキングシートで型紙を作り、スポンジケーキの上にのせ、その上から茶こしなどで粉砂糖をふりかける。シートをはずし、好みでミモザや、斜め薄切りにしたアンゼリカを飾る。

sponge

ココアチョコケーキ

材料（直径18cm型　1台分）

［ココアスポンジケーキ］
ココアパウダー ……… 15g
薄力粉 ……… 85g
コーンスターチ ……… 20g
ベーキングパウダー ……… 10g
卵（Mサイズ）……… 4個
砂糖 ……… 150g
牛乳 ……… 大さじ1
サラダ油 ……… 大さじ1
バニラオイル ……… 適量

［デコレーション］
生クリーム ……… 100cc
グラニュー糖 ……… 10g
アーモンドスライス ……… 10g
チョコレートソース ……… 適量

作り方

ココアスポンジケーキは、基本のスポンジケーキ（P.10）の手順1でココアパウダーを混ぜて一緒にふるうだけでOK。できあがったケーキの上部1～1.5cmを水平に切って四角くきざみ、アーモンドスライスをオーブントースターで薄く色づく程度に焼いておく。生クリームとグラニュー糖を一緒に泡立ててスポンジケーキの上にぬり、きざんだスポンジ、チョコレートソース、アーモンドスライスをまんべんなく散らす。

生クリーム（角）デコレーション

材料（直径18cm型　1台分）

基本のスポンジケーキ(P.10) 1台
生クリーム ………… 100cc
グラニュー糖 ………… 10g
スプレーチョコ ………… 大さじ1
アラザン ………… 小さじ1

作り方

生クリームとグラニュー糖を一緒に泡立てる。上部1cmほどを水平に切り取ったスポンジケーキの上に泡立てた生クリームをぬり、パレットナイフなどを水平にあてて上下に動かしながら角を立たせる。上にスプレーチョコ、アラザンを散らす。

cake

抹茶クリームデコレーション

材料（直径18cm型　1台分）

基本のスポンジケーキ(P.10)1台
抹茶 ………… 大さじ1
生クリーム ………… 150cc
グラニュー糖 ………… 20g
栗の甘露煮、ゆであずき適量

作り方

少量のお湯で溶かし冷ましておいた抹茶を、生クリームとグラニュー糖を一緒に泡立てた中に入れ、混ぜ合わせる。上部1cmほどを水平に切り取ったスポンジケーキに抹茶クリームをぬり、スプーンの背などで円を描いて表面に模様をつけて、栗の甘露煮、ゆであずきをのせる。

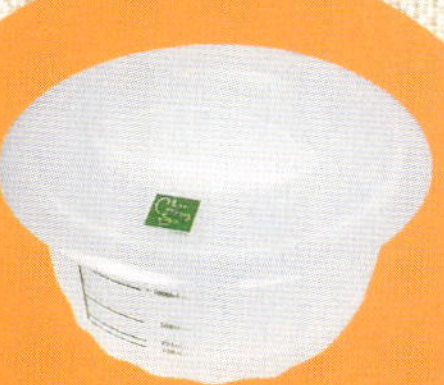

key item

裏ワザレンジ容器
1号

Kirikoの
ココが裏ワザ！

メレンゲいらずで5分でできちゃうのはなぜ？

ケーキをオーブンで焼くと通常40分ほどかかりますよね。もっと早く作りたい！ そんな時は、この裏ワザレンジ容器１号を使えば、たった5分レンジで加熱するだけでふわふわのスポンジケーキが作れちゃうんです！ ケーキは、もちろん通常の生地でもできますが、P.10の「簡単スポンジケーキ」の生地で作れば、さらにカンタンですよ！ でも、なぜスポンジケーキがたった5分加熱するだけでできるのか？ その秘密は、この容器が上げ底で、フチが波型になっているから。上げ底にしたことで電子レンジのマイクロ波が下からもあたり、フチの波型が底にたまった余分な熱を外に逃がすので、短時間で生地全体を均等に加熱できます。さらにフタが容器内の水分を適度に保つので、たった5分でふっくらスポンジケーキができるんです。

注意！
生地の入れ過ぎはあふれるなどの原因となります。入れる目安は容器の1/3までとしてください。

P.10の裏ワザスポンジケーキ生地を使って作る！

さらに裏ワザレンジ容器1号を使えば
たった5分でスピードスポンジケーキ！

簡単スポンジケーキ2

材料（1台分）

薄力粉	50g	砂糖	75g
コーンスターチ	10g	牛乳	大さじ1/2
ベーキングパウダー	5g	サラダ油	大さじ1/2
卵（Mサイズ）	2個	バニラオイル	適量

作り方

1 裏ワザレンジ容器1号にサラダ油（分量外）を薄くぬる。薄力粉、コーンスターチ、ベーキングパウダーを合わせてふるっておく。

2 ミキサーの中に卵を割り入れてひと混ぜしたあと、残りの材料を入れ、30秒〜1分攪拌（かくはん）する。

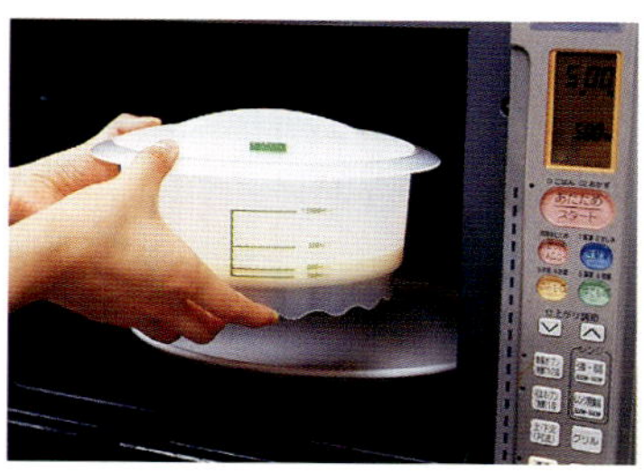

3 裏ワザレンジ容器1号に２の生地を流し入れ、スプーンの腹などで生地表面の泡をつぶす。
ふたをして500Wの電子レンジで5分加熱する。

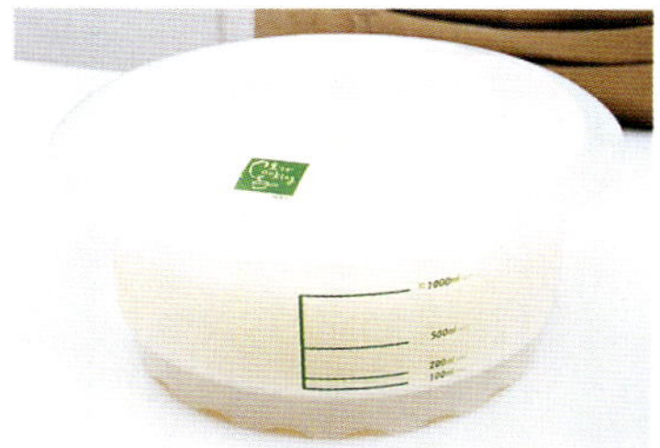

4 電子レンジから取り出し、ふたをしたまま生地を1分蒸らす。

5 ひっくり返して付属のスノコに移しかえてあら熱を取ってから、好みのデコレーションをする。その際に、表面にシロップなどをぬってからデコレーションをすると、ケーキがかたくならず、よりおいしくなります。

sponge
cake

アレンジ

トライフル

材料（3〜4人分）

基本のスポンジケーキ（P.14）1/2台分　好みのデコレーション材料（生クリーム、カスタードクリーム、フルーツ、ナッツなど）…… 適量

作り方

基本のレシピ（P.14）で作ったスポンジケーキを2〜3cm角に切り、生クリームやカスタードクリーム、フルーツ、ナッツなどと一緒にグラスに盛り付ける。

オムレット

材料（3〜4枚分）

薄力粉	50g
コーンスターチ	10g
ベーキングパウダー	5g
卵（Mサイズ）	2個
砂糖	75g
牛乳	大さじ1/2
サラダ油	大さじ1/2
バニラオイル	適量
生クリーム	40cc

作り方

①基本のレシピ（P.14）の手順2まで同様に作り、できあがった生地をボウルに移して生クリームを加え、軽く混ぜる。
②裏ワザレンジ容器1号に生地の1/3または1/4量を流し入れ、ふたをして500Wの電子レンジで2分30秒加熱し、30秒蒸らす。残りも同量ずつ同様に加熱する。
③ひっくり返してあら熱を取り、好みのフルーツや生クリームを挟む。

桜色オムレット

材料（2枚分）

薄力粉 ………………… 50g
コーンスターチ ………… 10g
ベーキングパウダー ……… 5g
卵白（Mサイズ）……… 2個分
砂糖 ………………… 75g
いちご ……………… 50g
レモン汁 ………… 小さじ1/2
サラダ油 ………… 大さじ1/2

作り方

①基本のレシピ（P.14）の手順1まで同様に作り、ミキサーの中に卵白、いちご、レモン汁を入れてひと混ぜしたあと、残りの材料を入れ、30秒～1分よく混ぜる。
②裏ワザレンジ容器1号に生地の1/2量（約100cc）を流し入れ、ふたをして500Wの電子レンジで2分30秒加熱し、30秒蒸らす。残りの1/2も同様に加熱する。
③ひっくり返してあら熱を取り、好みのフルーツや生クリームを挟む。

sponge cake

抹茶蒸しケーキ

材料（直径7cm深さ3cmのプリンカップ　6個分）

抹茶 ……………… 小さじ2
薄力粉 ……………… 60g
ベーキングパウダー …… 5g
卵 ………………… 1個
砂糖 ……………… 50g
牛乳 ……………… 大さじ2
無塩バター ………… 25g
つぶあん（好みで）…… 40g
お湯 ……………… 200cc

作り方

①あらかじめプリンカップに紙カップを敷いておき、薄力粉、抹茶、ベーキングパウダーを合わせてふるっておく。
②無塩バターを室温でやわらかくして泡立て器で練り、砂糖を加えて混ぜ、溶き卵、牛乳を加えてさらによく混ぜる。そこにふるった粉類を加えてゴムべらでさっくりと混ぜ、つぶあんを加えて型に流す。
③裏ワザレンジ容器1号にお湯200ccを入れ、付属のスノコを敷きその上に型を3個並べ、500Wの電子レンジで4分加熱する。残り3個も同じように加熱する。

key item
ホットケーキミックス

Kirikoの
ココが裏ワザ！

タルトとカスタード両方作れるってすごい！

タルトってなかなか自分では作れないって思っていませんか？ 実はこのカスタードタルトは、ホットケーキミックスだけでタルト生地とカスタードクリームの両方が簡単にできちゃう、とってもおトクなレシピなんです！ 裏ワザタルト生地は、材料も少なく粉をふるう手間も生地を寝かす必要もなし！ ホットケーキミックスにはすでにいろいろな材料が入っているので、混ぜるだけでタルト生地に変身しちゃいます！ カスタードクリーム作りもカンタン！ ホットケーキミックスと牛乳はなじみやすいのでダマもできにくいし、電子レンジを使ってできるので調理時間も一気に短縮。途中で根気よくかき混ぜる作業もいりません。ホットケーキミックスがあればいつでも作れますよ。

注意！
オーブンから出し入れする際は、熱いので、やけどに注意してください。

タルト生地もカスタードクリームもホットケーキミックスを使えば超簡単！

裏ワザ・カスタードタルト!!

材料（4人分）

［裏ワザタルト生地］
ホットケーキミックス……100g
無塩バター……40g
牛乳……大さじ1

［裏ワザカスタードクリーム］
ホットケーキミックス……大さじ1
卵黄……2個
砂糖……大さじ3
牛乳……150cc
好みのフルーツなど……適量

作り方

裏ワザタルト生地

1 あらかじめオーブンを180℃に温めておく。無塩バターを室温に戻してクリーム状にし、ホットケーキミックスと牛乳を混ぜて、ひとまとめにする。

2 1の生地をサラダ油（分量外）を薄くぬった型に敷き、5mm程度の厚さに伸ばしたあと、フォークで底面に空気穴をあける。

3 天板に2を並べ、温めておいたオーブンに入れて10分焼く。焼けたら取り出してあら熱を取る。

裏ワザカスタードクリーム

1 耐熱ボウルに卵黄、ホットケーキミックス、砂糖を入れて泡立て器で混ぜ、牛乳をダマにならないように少しずつ加えていく。

2 ラップをし、「500Wの電子レンジで1分加熱し、かき混ぜる」作業を3回繰り返す。

3 クリーム状になったらあら熱を取る。フルーツとともにタルトにのせて完成。

custard tartelette

シュー皮作りに電子レンジが大活躍！
ふくらまない！なんて悩みとはオサラバ！！

裏ワザ・シュークリーム

材料（9個分）

無塩バター	50g	卵（Mサイズ）	2個
水	80cc	裏ワザカスタードクリーム	適量
薄力粉	50g	生クリーム	適量

作り方

1 オーブンを190℃に温め、卵を常温に戻しておく。深めの耐熱ボウルに無塩バターと水を入れ、ふんわりラップをして500Wの電子レンジで2～3分程加熱。目を離さず沸騰したらすぐ止める。

2 ここから生地の仕上げまでは手早く！　薄力粉をふるい、1のボウルに一気に加えて木じゃくしでよく混ぜる。

3 溶き卵を2回に分けて加えてよく混ぜる。写真のような固さになったら、しぼり袋を使ってクッキングシートをひいた天板の上にしぼり出す。

4 霧吹きで水（分量外）をかけ、オーブンで30分焼く。

5 あら熱を取り、切り込みを入れてカスタードクリームや生クリームを詰める。
（裏ワザカスタードクリームの作り方はP.18参照）

chou à la crème

key item
電子レンジ

カンタン焼き菓子

Kirikoのココが裏ワザ！

どうしてちゃんとシューがふくらむの？

通常のシューは、バターと水、小麦粉を加熱して混ぜ、生地がほどよい固さになるまで卵を混ぜ合わせていくのですが、タイミングがズレて卵を入れ過ぎると、せっかく焼いてもふくらまない…なんてことに。これが電子レンジを利用することで、ふっくらふくらむシュー皮を簡単に作ることができるんです！　生地の固さは中に含まれる水分量で決まるのですが、電子レンジは直火と違いバターと水を加熱した際に蒸発する水分量が一定になるのです。ここがポイント！　水分量が一定になることによって、あとから加える卵はいつも同じ量を入れればいいのです。そうすれば常に同じ状態のシュー生地が仕上がるというわけなのです。

注意！
電子レンジでの加熱時間は条件により異なるので、目を離さず沸とうしたらすぐ止めて下さい。電子レンジからボウルを出す際やラップを外す際、オーブンに天板を出し入れする際は、熱くなっていますので十分注意して取り扱ってください。

Kirikoの
ココが裏ワザ！

ロールケーキとお菓子で楽しくアレンジ！

ロールケーキの持つ独特なうず巻きを利用して作る、その名も組み立てロールケーキ。飾り付けに使うお菓子は家にあるお菓子など好きなものを使えばOK！　いつでもどこでも簡単に楽しめちゃうデコレーションケーキのできあがりです。自由な発想でいろいろ組み立てていけるので、子どももカンタンに楽しめますよ。例えば、うさぎなど動物を作る時の目や鼻には、カラフルなチョコレート菓子やチョコチップ、麦チョコなどを使うとかわいいし、スティック状のお菓子を使って長さを変えてつければ、ヒゲなどアレンジも豊富になります。ちょっと変化させるだけでかわいいケーキに変身しちゃいますよ！　お誕生日会やパーティなどみんなで楽しみながら作ってくださいね。

注意！
包丁の取り扱いは危険ですので、ロールケーキを切る場合は大人が切り分けてください。

値段も手ごろなロールケーキがかわいく！楽しく！食べられる！！

組み立てロールケーキ

材料

ロールケーキ（白、ココア、抹茶）…適量
好みのデコレーション材料…………適量

作り方

1 (例：うさぎの作り方)
ロールケーキを、厚さ2cmくらいに2個カットする。

2 ひとつを皿の真ん中におき、もうひとつのロールケーキを半巻き分はがして、うさぎの耳にする。

3 目はチョコチップ、鼻は麦チョコ、ほっぺにはピンクのチョコレート菓子をのせる。

roll cake

key item
イラスト&ペン

**Kirikoの
ココが裏ワザ！**

絵がヘタな人でも作れちゃうってホント？

ケーキに絵を描くのってたいへん！　絵心がないから描けない！　と思っている人も多いのでは？　この裏ワザメッセージ生地なら自分の好きな絵や文字をプリントしたようなケーキが簡単に作れちゃうんです！　絵を描くにはクッキングシートと油性ペンを用意して。絵は自分で描いてもいいですが、イラスト本を使うのも便利！　好みのイラストを切り取って拡大コピーしたものを上からなぞれば絵がヘタな人でも簡単に描けます。なぞるときのポイントは、4mmくらいの太いペンを使って描くこと。そうするとキレイに仕上がります。バレンタインデーやお誕生日に、かわいいイラストやメッセージ入りのオリジナルケーキを贈ってみては？

注意！
油性ペンで絵を描いたクッキングシートは、ガトーショコラの生地を流し込む前に必ず取り外してください。
オーブンから出し入れする際は、直接鉄板をさわらないように注意してください。

好きな絵が写して描けちゃう
イラスト＆ペンでオリジナルケーキに！

裏ワザ・メッセージ チョコレートケーキ

材料（18cmケーキ型　1台分）

［上の部分］（パータシガレット）

無塩バター	10g	卵白	10g（1/4個分弱）
グラニュー糖	10g	薄力粉	10g

作り方

1 クッキングシートをケーキ型と同じくらいの大きさに切り、好きなイラストを置いて、上から太めの油性ペンでなぞって描き、しっかりと乾かす。

2 ボウルに常温に戻したバターとグラニュー糖を入れ、泡立て器で混ぜる。そこに卵白を加えて混ぜたあと、薄力粉を加えゴムべらで混ぜる。

3 ガラス皿をひっくり返し、底にサラダ油（分量外）をぬる。そこにクッキングシートの描いた側を下に向けて置き、その上に同じ大きさのクッキングシートを重ね、2の生地を均等に薄くのばす。

4 冷凍庫で5分ほど冷やしたら、下絵を透かしながら菜箸などで線をなぞり、再度冷凍庫に20分入れる。オーブンは200℃に温めておく。

5 型の側面にサラダ油（分量外）を薄くぬり、小麦粉をふっておく。油性ペンで絵を描いたクッキングシートを取り外し、4でなぞったほうのシートを型の底に敷きガトーショコラ生地を流し込む。天板にのせてオーブンに入れ200℃で10分焼いたあと160℃に下げてさらに20分焼く。

［ガトーショコラ］
材料（18cmケーキ型　1台分）

チョコレート（製菓用）	100g
卵黄	2個分
無塩バター	75g
卵白	2個分
グラニュー糖	50g
薄力粉	25g

作り方

1 卵を室温に戻し、薄力粉はふるっておき、チョコレートとバターを湯せんで一緒に溶かす。
2 ボウルに卵黄を入れて泡立て器でほぐし、グラニュー糖の2/3量を少しずつ加えて混ぜる。白っぽくなめらかなクリーム状にしたら、溶かしたチョコレートとバターを加え手早く混ぜ合わせる。
3 薄力粉を再度ふるいながら加え、さっくりと混ぜる。別のボウルに卵白と残りのグラニュー糖を入れてメレンゲを作り、生地に半量ずつ加えてゴムべらで混ぜる。

チョコレートの上手な溶かし方 ▶ P.92

message chocolate cake

key item
アイス

Kirikoの
ココが裏ワザ！

アイスを加えるだけでケーキになるのはなぜ？

見てください！　この材料の数！　たった3種類の材料で、しかもたった60秒で生地が作れるのがこの超簡単パウンドケーキなのです。アイスを加えることによって、通常のパウンドケーキに必要な、バターと砂糖を根気よく混ぜる作業や、卵を徐々に加えていく行程をすべてカット！　アッと言う間に生地が仕上がります。ポイントはなんといってもアイス！　アイスにはパウンドケーキに必要な砂糖や卵などが入っているうえ、ふくらむためのほどよい空気もちゃんと含まれているのです。パウンドケーキ作りにかかせない利点を持ったアイスの特長を活かしたところがさすが裏ワザ。さらに、ホットケーキミックスを使うことによって、粉類をふるったりこねたりする作業もいらなくなるのでホントに簡単です！

注意！
焼き上がったケーキを出すときは、鉄板や型に直接触れないよう注意してください。

たった60秒で生地が作れる！
ホットケーキミックスとアイスを混ぜるだけ！

超簡単パウンドケーキ

材料（タテ20cm×10cmのパウンド型1個分）

アイス（バニラ、抹茶、チョコレートなど）……200g
ホットケーキミックス……150g
無塩バター……50g

作り方

1　あらかじめパウンド型に薄くバターをぬっておき、オーブンを170℃に温める。アイスを500Wの電子レンジで1分程加熱してクリーム状にする。

2　アイスにホットケーキミックスを加え、混ぜ合わせる。

3　溶かしバターを加えて、さらに混ぜ合わせる。

4　パウンド型に生地を流し入れ、170℃で30〜40分焼く。

5　ケーキクーラーの上で15分くらい冷まし、あら熱が取れたら切り分ける。

pound cake

donguri hot cake

家族でどんぐりを拾って作ろう！
親子で一緒に楽しめる香ばし〜いおやつ

どんぐりホットケーキ

材料（4人分）

ホットケーキミックス	200g	卵	1個
どんぐりの粉	30g	牛乳	180cc

key item
どんぐり

作り方

1 どんぐりの皮を取り除き、包丁で実を4等分にカットする。

2 鍋に牛乳と1を入れ、アクを取り除きながら3時間ほど煮たのち、水で軽く洗い、ざるなどにあげる。

3 2でアク抜きしたどんぐりをよく乾燥させてから、ミルサーにかけて粉状にする。

4 ボウルに溶き卵と牛乳を入れ、混ぜたところにホットケーキミックスとどんぐりの粉を加えて、さっくりと混ぜ合わせる。

5 よく熱したフライパンにバター（または油・分量外）をうすくひき、生地を流し込んで表面に小さな泡ができたら裏返し、裏面も焼く。

Kirikoの
ココが裏ワザ！

ハイキングから料理まで家族みんなで楽しめる！

どんぐりホットケーキ作りは、まずハイキングに行ってどんぐりを拾うことから始めましょう。お休みの日などに家族全員で楽しみながら作るのに最適のレシピです。ポイントは、家族みんなのコミュニケーションを高めること！ 家族で楽しむことが大好きな伊東家ならではの裏ワザレシピなのです！ どんぐりの炭水化物に含まれるデンプンは、熱を加えると甘みと香ばしさがグンとアップ！ ほんのり香ばし〜い秋の味覚のどんぐりホットケーキ、ぜひ家族みんなで楽しみながら作ってみてはいかが？

注意！
植物の採集が禁じられている場所では、どんぐりを拾わないでください。また、木になっているどんぐりは取らないでください。
拾ってきたどんぐりは、鮮度を確かめてから使うようにしましょう。ボウルや鍋などに多めの水を入れて、その中へどんぐりを入れ、沈んだものだけを使用してください。
牛乳でどんぐりのアクを取るときは、ふきこぼれないよう火加減に注意してください。

どんぐりクレープ

材料（直径18cm　12～14枚）

- 薄力粉 …… 40g
- どんぐりの粉 …… 60g
- 卵 …… 2個
- グラニュー糖 …… 小さじ2
- 塩 …… 少々
- 牛乳 …… 250cc
- 無塩バター …… 20g
- レタス、ハム、チーズ、きゅうりなど …… 適量

作り方

ボウルに薄力粉をふるい入れ、グラニュー糖、塩を加えて軽く混ぜ、中央にくぼみを作る。そこにどんぐりの粉と卵を加えて泡立て器でよく混ぜ、さらに牛乳、溶かしバターの順で加えて混ぜる。フライパンを熱し、バター（分量外）をひき、生地を薄めに流し入れて両面を焼く。好みの具を包んで食べる。

どんぐりどら焼き

材料（4人分）

- ホットケーキミックス …… 200g
- どんぐりの粉 …… 30g
- 卵 …… 1個
- 牛乳 …… 180cc
- つぶあん …… 適量

作り方

基本のレシピ（P.29）どおりに小さめのホットケーキを作り、2枚のホットケーキの間につぶあんを挟む。

あっと言う間にアイスができたり、
お家でジェラートや
ソフトクリームが作れちゃう
裏ワザ満載のレシピたちです！

カンタン 手作りアイス

key item
カステラ

一度もかき混ぜなくてもできるなんて！あのカステラが驚きのなめらかアイスに！

裏ワザ・バニラアイス

材料（4人分）

［バニラ味］
カステラ（上下の焼き目を切ったもの）……70g
卵黄……1個分
牛乳……100cc
生クリーム……150cc
バニラエッセンス……適量

Kirikoのココが裏ワザ！

カステラを入れると簡単にアイスが作れる？

アイスを作ろうと思うと、冷凍庫に入れてから途中で何度もかき混ぜなければならないのが面倒ですよね。そんな手間を一気に解消！　材料をいっぺんに混ぜて冷凍庫でそのまま2〜3時間固めるだけでできるのです！　その秘密はカステラ！　カステラは主に小麦粉・卵・砂糖からできています。卵や砂糖は通常のアイスの材料と同じですが、実は小麦粉がポイントなんです。小麦粉には水分を抱き込んで、水分同士をくっつかないようにする性質があるので、途中で何度もかき混ぜなくてもアイスができるのです。さらに、カステラに含まれている砂糖には小麦粉の働きを活発にさせる作用があるので、とってもなめらかなアイスに仕上がるわけ。カステラの味を替えることでアイスのバリエーションも増えるので、試してみてくださいね。

作り方

1 カステラを一口大にちぎる。

2 すべての材料をミキサーに入れ、なめらかになるまで30秒ほど撹拌（かくはん）する。

3 バットなどに流し入れ、冷凍庫で2〜3時間冷やし固める。

4 冷凍庫から取り出し、スプーンなどでひと混ぜする。

vanilla
ice
cream

チョコレート味

材料（4人分）

チョコレート味のカステラ……70g
卵黄……1個分
牛乳……100cc
生クリーム……150cc
バニラエッセンス……適量

作り方

基本のレシピ（P.32）のカステラを、チョコレート味のカステラに替えて作る。

キャラメル味

材料（4人分）

カステラ
（上下の焼き目の部分）……70g
卵黄……1個分
牛乳……100cc
生クリーム……150cc
バニラエッセンス……適量

作り方

基本のレシピ（P.32）のカステラを、カステラの上下の焼き目の部分だけに替えて作る。

アレンジ

抹茶味

材料（4人分）

抹茶味のカステラ ………… 70g
卵黄 ………………………… 1個分
牛乳 ………………………… 100cc
生クリーム ………………… 150cc
バニラエッセンス ………… 適量

作り方

基本のレシピ（P.32）のカステラを、抹茶味のカステラに替えて作る。

urawaza ice cream

ごちそうさま。

key item
里芋

Kirikoのココが裏ワザ！

ジェラートのトロ〜リ食感が出るのはなぜ？

ジェラートは大人気のデザートのひとつ。でも専用の機械でしか作れないって思っていませんでした？　ところが、里芋を使えばお家でも簡単に作れちゃうのです！　実は里芋独特のねばりは、ジェラートならではの食感を出すのにぴったり！　おまけに、里芋にはビタミンB1、食物繊維、高血圧を抑えるといわれるカリウムが含まれているので、栄養満点なデザートになるんです！　作り方はカンタン！　ゆでた里芋と材料を混ぜて冷やし固めるだけ。通常ジェラートを固めるときは、途中で空気を入れるために何回もかき混ぜなければならないのですが、里芋を使えば、独特のねばりが空気を含んだ状態を保ってくれるので、途中で混ぜる必要もないのです！　トロ〜リおいしくて栄養満点なデザート、ぜひお試しを。

注意！
手順2の時、水分の少ない状態で混ぜると故障の原因になる可能性があるので、ミキサーは使用しないでください。

自宅ではなかなか作れなかったジェラートが里芋のねばりを使うことで超簡単に！！

裏ワザ・ジェラート

材料（4人分）

［バニラ味］
ゆでた里芋 ……… 200g
コンデンスミルク …… 大さじ4
砂糖 ……… 大さじ4
生クリーム ……… 大さじ4
バニラエッセンス ……… 適量

作り方

1 水を入れた鍋に、里芋とレモン汁小さじ1（分量外）を入れ、やわらかくなるまでゆでる。

2 ゆでた里芋とすべての材料をフードプロセッサーに入れ、30秒ほど攪拌する。

3 バットなどに移しかえ、冷凍庫で1時間半ほど冷やす。

Italian gelato

アレンジ

アボカド味

材料（4人分）

ゆでた里芋 ---------- 200g
アボカド ---------- 100g
砂糖 ---------- 大さじ6
レモン汁 ---------- 小さじ1

作り方

作り方は基本のレシピ（P.36）と同じ。

Italian

黒ごま味

材料（4人分）

ゆでた里芋 ---------- 200g
黒ごま（ペースト）----- 大さじ1〜2
砂糖 ---------- 大さじ6

作り方

作り方は基本のレシピ（P.36）と同じ。

いちご味

材料（4人分）

ゆでた里芋 ---------- 200g
いちご ---------- 100g
砂糖 ---------- 大さじ6
レモン汁 ---------- 小さじ1

作り方

作り方は基本のレシピ（P.36）と同じ。

クリームチーズ味

材料（4人分）

ゆでた里芋 ………………… 200g
クリームチーズ ……………… 100g
砂糖 ………………………… 大さじ6
レモン汁 …………………… 小さじ1

作り方

作り方は基本のレシピ（P.36）と同じ。

gelato

バナナ味

材料（4人分）

ゆでた里芋 ………………… 200g
バナナ ……………………… 100g
砂糖 ………………………… 大さじ4
レモン汁 …………………… 小さじ1

作り方

作り方は基本のレシピ（P.36）と同じ。

チョコ味

材料（4人分）

ゆでた里芋 ………………… 200g
チョコレートソース ……… 大さじ6
砂糖（好みで）……… 大さじ1〜2

作り方

作り方は基本のレシピ（P.36）と同じ。

key item

マシュマロ

Kirikoの
ココが裏ワザ！

マシュマロが シャーベットに変身？

コラーゲンたっぷりで、美容にもいいと話題のマシュマロ。このマシュマロを使ったシャーベットは溶かして固めるだけ！　と超カンタン！　でも、どうしてシャーベット独特のシャキシャキ感が出せるのか、ちょっと不思議ですよね？　通常、シャーベットを作るときは、水の結晶に空気を含ませるよう途中でかき混ぜる工程が必要なのですが、このシャーベットにはそんな面倒な作業は必要ありません！なぜかというと、マシュマロに含まれているゼラチンが水と水の間にバランスよく入り込むので、固くなり過ぎずおいしい食感が生まれるんです。マシュマロを煮溶かすときのジュースの種類を替えたり、中にフルーツを加えればいろいろにアレンジできるので、家にある材料でぜひ作ってみてください。

超簡単！マシュマロをジュースで溶かして凍らせるだけでなめらかシャーベットに！！

マシュマロ・シャーベット

材料（直径3.5cm高さ9cmの型6本分）

［オレンジ味］
マシュマロ ………… 80g　about 11 big one
100％オレンジジュース … 300cc
レモン汁 ………… 小さじ2

作り方

1 マシュマロを水で軽く洗って、表面の粉を落とす。

2 オレンジジュースと１を鍋に入れ、弱火でマシュマロを完全に溶かす。

3 あら熱が取れたらレモン汁を加え、型に流し入れて冷凍庫で3〜4時間冷やし固める。

marshmallow sherbet

アレンジ

あずきミルク味

材料（直径3.5cm高さ9cmの型6本分）

マシュマロ……80g
牛乳……300cc
ゆであずき……100cc

作り方

基本のレシピ（P.40）のオレンジジュースを牛乳に替え、手順3でゆであずきを加える（レモン汁は加えません）。

グレープ味

材料（直径3.5cm高さ9cmの型6本分）

マシュマロ……80g
100％グレープジュース　300cc
レモン汁……小さじ2

作り方

基本のレシピ（P.40）のオレンジジュースをグレープジュースに替えて作る。

marshmallow sherbet

イチゴミルク味

材料（直径3.5cm高さ9cmの型6本分）

マシュマロ……80g
牛乳……300cc
いちご……8～10個
砂糖……大さじ1

作り方

基本のレシピ（P.40）のオレンジジュースを牛乳に替え、手順3で、つぶして砂糖をまぶしておいたいちごを加える（レモン汁は加えません）。

パイナップルジュース＋ピンクグレープフルーツ

材料（直径3.5cm高さ9cmの型6本分）

マシュマロ …… 80g
100%パイナップルジュース 300cc
レモン汁 …… 小さじ2
ピンクグレープフルーツ 3〜4房

作り方

基本のレシピ（P.40）のオレンジジュースをパイナップルジュースに替え、手順3で、皮をむいて小さくちぎったピンクグレープフルーツを加える。

グレープフルーツジュース＋缶詰のみかん

材料（直径3.5cm高さ9cmの型6本分）

マシュマロ …… 80g
100%グレープフルーツジュース …… 300cc
レモン汁 …… 小さじ2
缶詰のみかん …… 15〜18房

作り方

基本のレシピ（P.40）のオレンジジュースをグレープフルーツジュースに替え、手順3で缶詰のみかんを加える。

ミルク味

材料（直径3.5cm高さ9cmの型6本分）

マシュマロ …… 80g
牛乳 …… 300cc

作り方

基本のレシピ（P.40）のオレンジジュースを牛乳に替えて作る（レモン汁は加えません）。

key item
裏ワザ スピンアイス

Kirikoの
ココが裏ワザ！

どうしてヨーヨー遊びでアイスが作れるの？

楽しくヨーヨー遊びをしながら、アイスが作れちゃう！画期的な裏ワザ スピンアイス。以前、アイスの材料を入れた缶をウエットティッシュの容器に入れ、氷と塩を詰めて10分ほど転がすとアイスが作れる…という裏ワザがあったのですが、この裏ワザを元に、開発を重ねてできあがったものなのです。どうして10分でアイスができるのかというと、アイス液を入れるアイスカップの内側に特殊な蓄冷剤が入っていて、これを冷凍庫で冷やすことで強い冷却力を長時間キープ。充分冷やした後、アイスカップにアイス液を入れてヨーヨー遊びで回転させると、しっかり攪拌(かくはん)されて空気を含んだいくつもの層を作るので、なめらかでおいしいアイスができちゃうのです！

注意！
冷凍庫で冷やすときは、外カバーや糸巻きは外し、ふたをした状態で、アイスカップだけを冷やしてください。また、ふたやアイスカップの水分はよくふき取ってから冷やしてください。

ヨーヨー遊びで楽しんでいるうちに
おいし～いなめらかアイスが作れちゃう

裏ワザ・スピンアイス

材料 3回分（180cc）

［バニラ味］

卵黄	1個分
グラニュー糖	20g
牛乳	50cc
生クリーム	100cc
バニラエッセンス	1～2滴

作り方

1 ボウルに卵黄を入れ、泡立て器で軽くくずし、グラニュー糖を加えて白っぽくなるまですり混ぜる。

2 牛乳、生クリーム、バニラエッセンスの順で加えてよく混ぜ、冷やしておく。

3 裏ワザスピンアイスに30ccずつ入れる。

4 10分間ヨーヨー遊びをする。

5 かき混ぜて、できあがり。

spin ice cream

アレンジ

りんごシャーベット＋缶詰のみかん

材料　3回分（180cc）

100％りんごジュース …… 150cc
缶詰のみかん …………… 適量

作り方

冷やしたりんごジュースを25ccずつ容器に入れ、細かくきざんだ缶詰のみかんを加え、ヨーヨー遊びをする。
※みかんは左右同量ずつ入れないと裏ワザスピンアイスのバランスが取れなくなるので注意。

グレープシャーベット

材料　3回分（180cc）

100％グレープジュース…180cc

作り方

冷やしたグレープジュースを裏ワザスピンアイスに30ccずつ入れ、ヨーヨー遊びをする

いちご味

材料　3回分（180cc）

いちご（ピューレ状にしたもの）
　　100cc（約70g）
グラニュー糖 ………… 20g
生クリーム …………… 100cc

作り方

材料すべてを混ぜて冷やしておき、裏ワザスピンアイスに30ccずつ入れ、ヨーヨー遊びをする。

アレンジ

カフェオレ味

材料　3回分（180cc）

基本のバニラアイス液 ････ 180cc
インスタントコーヒー ･･･ 小さじ3

作り方

基本のレシピ（P.44）の手順3でインスタントコーヒーを小さじ1/2ずつ加え、ヨーヨー遊びをする。

spin ice cream

オレンジシャーベット

材料　3回分（180cc）

100%オレンジジュース ････ 180cc

作り方

冷やしたオレンジジュースを裏ワザスピンアイスに30ccずつ入れ、ヨーヨー遊びをする。

チョコチップ味

材料　3回分（180cc）

基本のバニラアイス液 ････ 150cc
チョコチップ ･････････････････ 適量

作り方

基本のレシピ（P.44）の手順3で25ccずつ容器に入れ、チョコチップを加え、ヨーヨー遊びをする。

※チョコチップは左右同量ずつ入れないと裏ワザスピンアイスのバランスが取れなくなるので注意。

key item
納豆

Kirikoのココが裏ワザ！

納豆でソフトクリーム！本当にできちゃうの！？

専用の機械でないと作れなかったソフトクリーム。それが、なんと納豆を使えばお家で簡単にできてしまう究極の裏ワザレシピです！ 実は、納豆独特の“ねばねば”がポイントで、材料の中に自然と空気をため込むことによって、ソフトクリーム独特のあのとろっとした食感が生まれるというわけ。作り方は材料をミキサーでしっかり混ぜるだけ。ソフトクリームならではの微妙な固まり具合に注目ですよ。気になるにおいは、植物性ホイップクリームとバニラエッセンスがうま～く消してくれるので大丈夫。ソフトクリームとして食べるなら冷凍庫に1～2時間でOK。4時間冷やせばアイスクリームにもなるので、お好みの固さで味わってくださいね。栄養価の高い納豆ですから、体にもバッチリですよ！

大人気のソフトクリームが自宅で作れる！
その秘密はあのネバネバ納豆にあったんです

自宅でソフトクリーム

材料（3～4個分）

[バニラ味]
- 納豆……大さじ1
- 卵黄……1個
- 植物性ホイップクリーム……200cc
- 砂糖……大さじ4
- バニラエッセンス……適量
- コーンカップ……3～4個

作り方

1 納豆と卵黄をミキサーの中に入れ、納豆の粒が消えるくらいまで（5～10秒）攪拌する。

2 植物性ホイップクリーム、砂糖、バニラエッセンスを加えて再度ミキサーにかけ、回りにくくなったらひと混ぜしてさらにミキサーで攪拌する。

3 全体がもったりとしたらミキサーを止め、口金をつけたしぼり出し袋の中に入れる。冷凍庫で1～2時間ほど冷やす。

4 コーンカップにしぼり出す。

soft ice cream

アレンジ

チョコ味

材料（3～4個分）

納豆	大さじ1
卵黄	1個
植物性ホイップクリーム	200cc
砂糖	大さじ2
チョコレートシロップ	大さじ2
コーンカップ	3～4個

作り方

基本のレシピ（P.48）どおりに作り、植物性ホイップクリームと砂糖をミキサーに入れる際に、チョコレートシロップを一緒に加えて撹拌する。

抹茶味

材料（3～4個分）

納豆	大さじ1
卵黄	1個
植物性ホイップクリーム	200cc
砂糖	大さじ4
抹茶	小さじ2
コーンカップ	3～4個

作り方

あらかじめ砂糖と抹茶を混ぜ合わせておく。基本のレシピ（P.48）どおりに作り、植物性ホイップクリームをミキサーに入れる際に、混ぜておいた砂糖と抹茶を一緒に加えて撹拌する。

soft
ice
cream

ストロベリー味

材料（3～4個分）

納豆	大さじ1
卵黄	1個
植物性ホイップクリーム	200cc
いちごジャム	大さじ6
コーンカップ	3～4個

作り方

基本のレシピ（P.48）どおりに作り、砂糖の替わりにいちごジャムを加えてミキサーで撹拌する。

伊東家＆貴理子の
裏ワザCooking㊙話

「裏ワザCooking」のアイディアの数々は
目を見張るものばかり。
中でも「あのメニューは忘れられない」
「あのアイディアはちょっと、なぁ…」
「普段の食卓にも実はこれを取り入れました！」などなど、
私、貴理子がざっくばらんに聞いてきました！
さあ、どんな話がとびだすでしょうか？

意外な“ソフトクリーム”
衝撃の“バニラアイス”

貴理子　みなさ〜ん！これまで「裏ワザCooking」のコーナーではいろんな裏ワザを披露してきましたけど、特に印象に残っているメニューはありますか？

いろいろな裏ワザがあっておもしろいよね。家で子どもたちと一緒に試してみたくなるわね

里佳子　私ね、「裏ワザ・カスタードタルト」は家でしょっちゅう作ってるの。上にのせるカスタードクリームを、生クリームに応用したりして。簡単よ。

貴理子　むずかしいはずのカスタードクリームも失敗ナシで作れるのがビックリでしたね〜。

極めつけは「裏ワザ・2層プリン」。どんどんレベルアップしてきて“磯野貴理子恐るべし”だね

四朗　意外だったのは「自宅でソフトクリーム」だな。納豆使ってるのに、納豆の味が全然しなかったもの。貴理子、なんか小細工してヘンなモノ入れただろ？

貴理子　入れてませんよっ！正真正銘の納豆を使って作ったんですから！

簡単で体によくて楽しいお料理ばかり。これからもどんどん紹介していきますよーっ！

健　納豆がソフトクリームになるなんて考えられないよね。僕は「裏ワザ・レアチーズケーキ」が好き。すごい簡単に作れるんだよね。

貴理子　コンデンスミルクと生クリームに、レモン汁を加えて混ぜるだけ！それだけでみるみるうちにチーズケーキができるんです。

健　ホント、すごいよ。しかもおいしいし。

美沙　私はね、友だちと鍋パーティーをやった時に「とろ〜り裏ワザ・湯豆腐」を作ったの。

貴理子　湯豆腐に重曹を混ぜると豆腐が溶け出して、豆乳鍋になるってやつですね。

美沙　そう、すごいおいしかった！最後におそうめんを入れるととんこつラーメンみたいになるんだよね。友だちもみんな大感激！

博　なんだかだんだんやってくうちに、裏ワザの完成度がどんどん高くなっていくよなぁ。

貴理子　衝撃的だったのは、お母さん！　「裏ワザ・バニラアイス」ですよ。今まで「裏ワザCooking」ではバニラ味のアイスができなかったところでやっとできたメニューなんですよ。

みどり　これはおいしかった。どうやったんだっけ、これ？

貴理子　カステラ入れたんです。今までのバニラアイスの作り方は、冷凍庫に入れてちょっと固

まったら混ぜて、またちょっと固まったら混ぜての作業を繰り返すじゃない？それをカステラを使うことで、途中で一回も混ぜることなく家で簡単にできちゃうんだから。

コツさえつかめたら オリジナルでOK

みどり　私はね、貴理子ちゃんが言うように、簡単に作れるのが好きなの（笑）。作り方が難しいと、見てる分には楽しそうなんだけど、レシピが覚えきれないのよ。

健　オリジナルでいいんだよ、お母さん。

家でいろいろ試してみるけど、もっとちゃんと作り方を覚えて作ってみるわ

みどり　そのオリジナルができないから「どうしよう」ってなっちゃうのよ。以前「マシュマロゼリー」を作ったんだけど、生のフルーツを使っちゃったから固まらなくて大変だったんだから。

貴理子　マシュマロと水を溶かして固めるだけでゼリーになるんだけど、パイナップル、キウイ、パパイヤなんかは生じゃダメなんです。タンパク質を分解する成分が含まれてますからね。イチゴやグレープフルーツ、みかんはOK！

みどり　孫の前で一生懸命いっぱい作ったのに、全然固まらないの（苦笑）。2時間おきに冷蔵庫を開けて、「もうちょっとだからね〜」って孫に言い聞かせて…。結局、次の日になっても固まらなかった。もう言い訳できなかったわ。

なんといっても印象的だったのは「どんぐりホットケーキ」。よくも悪くも忘れられないメニューだね

里佳子　お母さんみたいに「こうだ！」と思ってても、結構間違った作り方を覚えてる人もいるからね。応用すればなんとかなるって思っちゃうんじゃない？

四朗　じゃあ、お母さんみたいにうまくできない人のために「裏ワザCookingカンタンレシピブック」があるわけだ（笑）。

コミュニケーションにも 大いに利用して！

貴理子　栄養面でも侮れないですよ。体によい食材を使って、しかも子どもたちにも食べやすいように考えられてるんですから。

美沙　そうそう、「どんぐりホットケーキ」！この時初めてどんぐりが食べられることを知ったの。

四朗　あれはなぁ、味がイマイチだったな。

貴理子　そんなことないですよ！　おいしいですって。甘味があって、口の中にどんぐりの香ばしさがポワンと広がって。

里佳子　子どもの頃は遠足とかでよくどんぐり拾ったよね。でも、大人になったらそんな機会がないじゃない？　だから拾ってきたら大人が一緒

にどんぐりでお料理を作る。これがコミュニケーションにもなるし、楽しいと思う。

健　そういう醍醐味はあるね。

里佳子　「組み立てロールケーキ」も幼稚園や小学校のお誕生日パーティーをやる時なんかに、子どもたちと一緒に作ると楽しいんじゃないかな。

「裏ワザ・レアチーズケーキ」が最高！　貴理子さんの料理の腕もだんだんあがってきたよね

みどり　「裏ワザ・スピンアイス」も孫の前でやってみたの。ヨーヨー遊びをしながらアイスができちゃうから、すごく楽しいみたいよ。

健　「裏ワザ・ところてん」もよかったよ。酢をかけると青からピンクに色が変わって、作っても楽しくて、食べてもおいしい！

美沙　あとで紫キャベツをコールスローサラダにして食べられるのもいいよね。

四朗　でも、色がイヤだよ。体に悪そう。

貴理子　体にいいんです。この色は着色してるわけじゃなくて、紫キャベツの天然色素ですから。

健　紫キャベツをいっぱい食べろって言われてもムリじゃない？　でも、ところてんにしたら食べられちゃうからいいんじゃないの？

四朗　ところてんは普通のものよりも、色がついてるほうが食べやすいの？

美沙　子どもはそのほうが食べるかもしれないよね。お菓子っぽくなるから。

健　お父さん、歳を取ると色がついたものがイヤになるんじゃない（笑）？

博　「簡単スポンジケーキ」もよかったね。メレンゲを作らないでミキサーだけで作れるスポンジケーキ。もう画期的なものばっかりだな。「裏ワザ・2層プリン」だろ、「裏ワザ・ジェラート」だろ、うずらのたまごに顔がついた「おひなさま弁当」なんかもかわいかったな〜。それと…。

「とろ〜り裏ワザ・湯豆腐」と「裏ワザ・ところてん」がお気に入り。友だちにもビックリされちゃう

里佳子　博さん、なんか思い出話みたいになってるけど、このクッキングのコーナーってもう終わりなの!?　この座談会は、「貴理子さん、サヨナラ」の会？

四朗　なるほど、終わりだから記念本を出すわけだ。

貴理子　違いますよぉ〜。人気があるから本を出すんですっ。これからも「裏ワザCooking」をヨロシクね！っていうこと（笑）。これからもがんばりましょうよ！

カンタン
冷たいおやつ

材料の少なさにビックリのゼリーや
見る見るうちに固まるケーキなど、
これまでのお菓子作りの常識をくつがえす、

超カンタンな裏ワザレシピです!

key item
マシュマロ

Kirikoの
ココが裏ワザ！

なんでマシュマロがゼリーになっちゃうの？

コラーゲンたっぷりのマシュマロですが、そのまま食べていると飽きちゃいますよね。そんなとき、このレシピでゼリーを作ってみては？　材料はマシュマロとお水だけ！　どうして、それでゼリーができるのかというと、市販のマシュマロは、砂糖、水飴、ゼラチンを泡立てて気泡を作り、それを固めてふわふわな食感のマシュマロを作っているのですが、この材料って、実はゼリーを作るのと一緒なんです。だからマシュマロを煮溶かせば、もとの材料が水の中に溶け出すので、それを冷蔵庫で冷やせば、ゼラチンが固まって透明なゼリーになるのです！　マシュマロの色によってゼリーの色も変わるので、お好みのフルーツなどと合わせて、カラフルに楽しんで！

注意！
マシュマロを溶かす際は、ふきこぼれる恐れがありますので、必ず弱火で加熱してください。パイナップルなどタンパク質を分解する酵素を含む生の果物を使用すると、ゼリーが固まりません。その際は缶詰の果物を使用してください。

水で溶かして固めるだけでマシュマロが透明なゼリーに変身！

マシュマロゼリー

材料（4個分）

マシュマロ ……………… 100g
水 …………………………… 200cc
レモン汁 ……………… 小さじ2
フルーツなど（好みで）… 適量

作り方

1 マシュマロを水で軽く洗い、表面の粉を落とす。

2 1と水を鍋に入れ、弱火で加熱しながらマシュマロを完全に溶かす（火を止めたとき、透明になっていればOK）。

3 あら熱を取り、レモン汁を加える。

4 器に流し入れ（好みでフルーツを加える）、冷蔵庫で4～5時間冷やし固める。

marshmallow jelly

泡立てるタイミングにポイントが！
お父さんも驚き！？ビールそっくりのゼリー！

裏ワザ・ビールゼリー

key item
キッチンタイマー

材料（グラス小2～3個分）

りんごジュース ………… 500cc
粉ゼラチン ……………… 10g

作り方

1 常温に戻したりんごジュースから大さじ3を耐熱容器に取り分け、ゼラチンをふり入れて30秒ほどふやかしておく。

2 1を500Wの電子レンジで30秒加熱し、ゼラチンを溶かす。

3 ボウルに残りのりんごジュースと2を入れてよく混ぜ、氷水をはったボウルにつけて6分冷やす。

4 6分後、全体にとろみが出てきたら、泡立て器でよく泡立てる。

5 ゼリー部分と泡とのバランスを見ながらグラスに移しかえ、冷蔵庫で1時間ほど冷やし固める。

粉ゼラチンのふやかし方 ➡ P.93

beer jelly

Kirikoのココが裏ワザ！

泡を上手に作るには冷やし時間「6分」！

このレシピのお楽しみは、ほんとに見間違えちゃうくらいにビールの姿形をしているところ！　それにはグラスに移すときのビール風のゼリーと泡のバランスを見極めることが大切です。そのポイントが「6分」という時間なんです。これはジュースと、溶かしたゼラチン液を混ぜて氷水で冷やしておいておく時間です。タイマーをしっかり見て、6分泡立て器で混ぜてからグラスに移しましょう。これは5分でも7分でもいけません。時間が短いとゼリーがまだゆるく冷やし固める前に泡が消えてしまい、逆に長いとゼリーが固くなりすぎて全体が泡状になってしまうのです。りんごジュースを、好みの甘さにした紅茶またはコーヒーに替えると、色が違うビールゼリーも楽しめますよ。

key item
アイス

Kirikoの
ココが裏ワザ！

なんでババロアが
たった5分で固まるの？

いろいろな材料を計って混ぜて30分以上冷やさなきゃできない手間のかかるババロア。ところがこのレシピなら材料はたったの3つ！　しかも冷やし時間はたったの5分！　で、できあがってしまうのです。作り方もふやかしたゼラチンにジュースとアイスを混ぜるだけ、と超簡単！　そのカギとなるのが、なんとアイス。アイスには、ババロア作りに必要な材料の牛乳や卵黄、砂糖、生クリームが入っているので、これを使えば材料をいちいち混ぜる必要がありません。しかも、冷た〜いアイスをジュースとゼラチンに加えるので、ゼラチンが固まる時間を一気に短縮！　アイスひとつでこんなに変わるとは驚きですね。ジュースとアイスの種類を替えればいろんな味のアレンジが楽しめますよ！

注意！
ババロアを型からはずす際は、熱湯に直接さわらないよう注意してください。

冷えてるアイスクリームを使うから
たった5分でババロアが固まるんです！

簡単ババロア

材料　（7.5×3cm型　2個分）

［オレンジ味］
100％オレンジジュース ········ 100cc
粉ゼラチン ········ 5g
バニラアイス ········ 100g

作り方

1 常温に戻したジュースを耐熱容器に大さじ3取り分け、その中にゼラチンをふり入れて30秒ほどふやかしておく。

2 1を500Wの電子レンジに20〜30秒かけて溶かし、残りのジュースに加えて全体に混ぜ、ゼラチン液をよく溶かす。

3 クリーム状に練ったバニラアイスの中に2を入れて、泡立て器でなめらかになるまで混ぜる。

4 型に移し入れ、冷蔵庫で5分ほど冷やす。

5 竹串でまわりをなぞり、熱湯を張ったボウルに型をさっとつけてから中身をはずし、皿に盛り付ける。好みのソースやハーブを飾る。

粉ゼラチンのふやかし方 ▶P.93
ゼリーなどの型を上手に抜くコツ ▶P.92

kantan bavarois

アレンジ

にんじん味

材料（7.5×3cm型　2個分）

キャロットジュース …… 100cc
粉ゼラチン …… 5g
バニラアイス …… 100g

作り方

基本のレシピ（P.60）のオレンジジュースをキャロットジュースに替えて作る。

チョコレート味

材料（7.5×3cm型　2個分）

ココア飲料（加糖）…… 100cc
粉ゼラチン …… 5g
チョコレートアイス …… 100g

作り方

基本のレシピ（P.60）のオレンジジュースをココア飲料に、バニラアイスをチョコレートアイスに替えて作る。

抹茶味

材料（7.5×3cm型　2個分）

牛乳 …… 100cc
粉ゼラチン …… 5g
抹茶アイス …… 100g

作り方

基本のレシピ（P.60）のオレンジジュースを牛乳に、バニラアイスを抹茶アイスに替えて作る。

ストロベリー味

材料（7.5×3cm型　2個分）

牛乳 ………………… 100cc
粉ゼラチン ………………… 5g
ストロベリーアイス …… 100g

作り方

基本のレシピ（P.60）のオレンジジュースを牛乳に、バニラアイスをストロベリーアイスに替えて作る。

bavarois

kantan

あずき味

材料（7.5×3cm型　2個分）

牛乳 ………………… 100cc
粉ゼラチン ………………… 5g
あずきアイス ………… 100g

作り方

基本のレシピ（P.60）のオレンジジュースを牛乳に、バニラアイスをあずきアイスに替えて作る。

ブルーベリー味

材料（7.5×3cm型　2個分）

ヨーグルトドリンク
（ブルーベリー味）……… 100cc
粉ゼラチン ………………… 5g
バニラアイス …………… 100g

作り方

基本のレシピ（P.60）のオレンジジュースを飲むヨーグルト ブルーベリー味に替えて作る。

key item
レモン

チーズを一切使わないレアチーズケーキ！
見る見るうちにできるなんてホント不思議！

裏ワザ・レアチーズケーキ

材料（直径15cm型　1台分）

コンデンスミルク	200g
植物性ホイップクリーム	200cc
レモン汁	大さじ2
ビスケット	適量
牛乳	適量
好みのフルーツソース（ストロベリー、キウイなど）	適量

作り方

1 ビスケットを牛乳に5分ほどひたし、しっとりさせる。型に型紙を敷き、その上にビスケットを敷き詰める。

2 ボウルにコンデンスミルクと植物性ホイップクリームを入れ、混ぜたところにレモン汁を加えて混ぜ合わせる。

3 1の型に流し入れたら冷蔵庫に入れて1〜2時間冷やし固める。好みでストロベリーやキウイなどのソースをかける。

rare cheese cake

Kirikoのココが裏ワザ！

どうしてケーキが見る見る固まるの？

レアチーズケーキって使う材料が多いし、クリームチーズを混ぜたり、生クリームを泡立てたりと時間もかかって、面倒ですよね。ところが！　材料も少なくて、見る見るうちに固まる裏ワザレシピがあるのです。作り方はホントに簡単！　植物性ホイップクリームとコンデンスミルクを混ぜたところにレモン汁を入れ、泡立て器でかき混ぜていくだけ。すると見る見るうちに固まりだして…あっという間に完成！　実はこれ、植物性ホイップクリームとコンデンスミルクのたんぱく質にレモンの酸が反応すると固まるという性質を利用しているからなんです。しばらく混ぜるとなめらかなクリーム状になるので、お好みの固さに冷やして食べてください。クリームのなめらかな口当たりとレモンの酸味を楽しんでください！

rakuraku pudding

たったの5分でおいし～いプリンができちゃう秘密は裏ワザレンジ容器1号

らくらくプリン

材料（直径7cm深さ5.5cmのプリンカップ　4個分）

卵	2個	バニラエッセンス	少々
グラニュー糖	60g	カラメルソース	小さじ2
牛乳	200cc	水	200cc

作り方

1 あらかじめカップに薄くバターをぬり（分量外）、カラメルソースをそれぞれ小さじ1/2ずつ入れる。

2 鍋に牛乳とグラニュー糖を入れて火にかけ、沸とう直前まで温めてグラニュー糖を煮溶かし、少し冷ましておく（75℃前後に）。

3 ボウルに卵を割り入れてよくほぐし、2を少しずつ加えていく。

4 バニラエッセンスを加え、茶こしでこしたあと、カップに流し入れる。

5 裏ワザレンジ容器1号に水を入れてスノコを敷き、その上に4を並べ入れ、ラップを型全体にふんわりとかける。500Wの電子レンジで5分加熱する。

カラメルの作り方 ➡ P.93

Kirikoの
ココが裏ワザ！

レンジで5分！それでプリンもできるの？

P.14の「簡単スポンジケーキ2」では、裏ワザレンジ容器1号を使ってたった5分！でふわふわなスポンジケーキができあがりましたが、今度はなめらかプリンがまたまた5分！　でできちゃう驚きレシピです。ケーキクーラーとして便利だった、付属のスノコがポイント。このスノコを使うと、裏ワザレンジ容器1号が蒸し器としても使えるんです。短時間で均等に加熱する特長を生かして、蒸すのに通常15分かかるところが、容器に水を入れスノコを敷いた上にプリンを並べ入れ、ラップを型全体にふんわりとかけてレンジで5分チンするだけで、なめらかプリンができるのです。加熱のムラがないので、プリンの表面にスが入りにくくなり、簡単においしいプリンができちゃいます！

注意！
電子レンジから取り出す際やラップをはずす際などは、やけどをしないようご注意ください。

Kirikoのココが裏ワザ！

余ったひやむぎだけでお団子ができるの？

ひやむぎを作ったけど、余っちゃった…なんてことありませんか？　そのひやむぎでモチモチの和風団子が簡単に作れるのです！　余った食材を上手に再利用できるなんて、裏ワザレシピならでは。材料はひやむぎと小麦粉だけで、作り方もとってもカンタン！　ゆでたひやむぎと小麦粉をこねてレンジで加熱。後は巻きすにくるんで形を作って氷水で冷やせばできあがり。このとき、熱くなった生地を急激に冷やすことでほどよいモチモチ感が出るので、熱さに気をつけつつも手早くがんばって作ってみてください。できたお団子は甘辛あんなどをつけたり、いそべ焼きにしてもGOOD！　ひやむぎと小麦粉を混ぜる際に、抹茶パウダーや黒すりごまをそれぞれ小さじ１杯加えると、色や風味が違うお団子ができますよ。

注意！
レンジで加熱したひやむぎは、とても熱くなっているので、直接さわらず鍋つかみなどを使って取り出してください。

余ったひやむぎで簡単にできる
モチモチ食感の本格お団子！

ひやむぎ団子

材料（2～3人分）

ゆでたひやむぎ ……… 100g
薄力粉 ……… 大さじ1

作り方

1 ラップの上にゆでたひやむぎと薄力粉をのせ、ラップの端を持ち、包み込むようにして手のひらで押しながら20～30回こねる。

2 ひやむぎの形がほとんどわからない程度になったら10cm四方の大きさにして生地をならしておき、500Wの電子レンジで1分30秒加熱する。

3 熱いうちにラップに包んだままの状態で巻きすにくるみ、2～3cmの棒状に形作る。

4 そのまま、密閉ポリ袋に入れ、氷水に20分つけて冷やす。

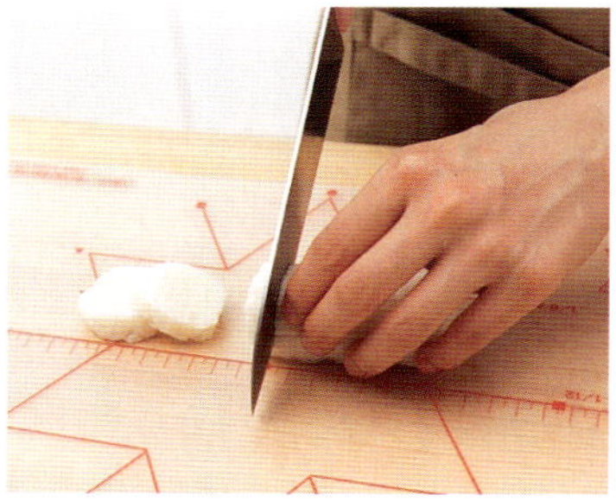

5 ラップを取り、1cm幅に包丁でカットし、好みのたれをかける。

たれ（甘辛あん）の作り方
鍋に水150cc、砂糖大さじ3、しょうゆ大さじ2、片栗粉大さじ1を入れ、へらなどで混ぜながら弱火でとろみがつくまで煮る。

hiyamugi
dumpling

えっ!?これが白玉!?
かわいくって超カラフル!

簡単オリジナル白玉

材料（水分量は目安です。白玉粉のパッケージに書いてある分量にしたがってください）

［黄色］
白玉粉 …… 100g
100%オレンジジュース …… 約90cc

［ピンク色］
白玉粉 …… 100g
水 …… 約20cc
いちごシロップ …… 約70cc

［緑色］
白玉粉 …… 100g
水 …… 約90cc
抹茶パウダー …… 小さじ1

［紫色］
白玉粉 …… 100g
100%グレープジュース …… 約90cc

［青色］
白玉粉 …… 100g
水 …… 約70cc
ブルーハワイシロップ …… 約20cc

［茶色］
白玉粉 …… 100g
水 …… 約90cc
ココアパウダー …… 小さじ1
ゆであずきなど …… 適量

作り方

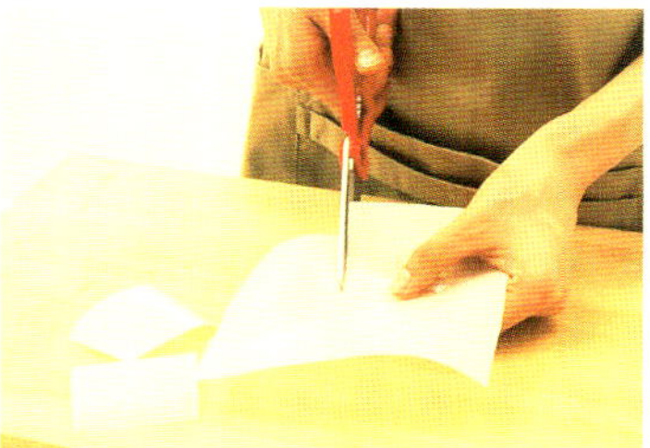

1 クッキングシートを適当な大きさに切る。

2 白玉粉に各色の材料を少しずつ加え、耳たぶ程度のやわらかさになるまで混ぜる。

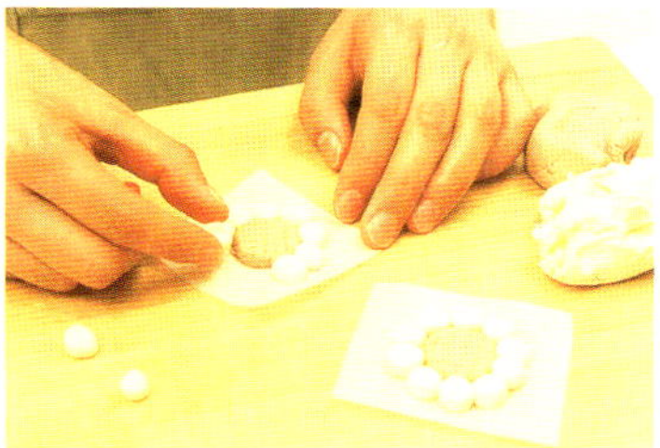

3 好きな形に成型し、クッキングシートの上にのせる（指で軽くおさえるように）。

4 鍋にたっぷりの湯を沸かし、白玉をクッキングシートごと入れてゆでる。白玉が浮き上がってきたら、すくい取って冷水をはったボウルの中に入れる。

5 クッキングシートから白玉をはがし（写真のようにクッキングシートをひっぱりながらはがすのがコツ）、器に盛る。

original siratama

クッキングシート
key item
クッキングシート

Kirikoの
ココが裏ワザ！

どうしてカラフルでかわいい形に作れるの？

モチっとした食感がおいしい白玉。でもちょっと作り方を変えると、かわいくて好きな形のカラフルな白玉が作れちゃうんです！　白玉粉をこねるとき、水をジュースに替えたり、抹茶などのパウダーを混ぜ込んだりすると、いろいろな色のカラフルな白玉を作ることができるんです。そこから形を作るわけですが、ここが裏ワザ！　クッキングシートにくっつけて作っていくのです。お皿の上などで作ってからゆでると、ゆでているうちに形がくずれたり、バラバラになってしまいがち。でもクッキングシートならそのままゆでることができるので、作った形を保てるのです。シートの表面には目に見えない小さなデコボコがあって、そこに生地が入り込んでしっかりとくっつき、ゆでてもバラバラにならないのです。

注意！
ゆでたての白玉はとても熱いので、完全に冷えてからクッキングシートをはがすようにしましょう。

key item
ココアパウダー

Kirikoの
ココが裏ワザ！

パウダーを加えるとどうして2層になるの？

作り方はごく簡単。あらかじめ混ぜておいたほかの材料をココアパウダーに混ぜるだけ！　でもなんでそれだけで2層に？　その秘密は最後に混ぜるココアパウダーにあるんです！　実はこの層、比重の違いを利用して2層に分かれています。簡単に言うと、水と油を混ぜたとき水が下にきて油が上に浮く、そうして分離するところがポイントです！　牛乳の水分を多く含んだココアパウダーが沈んで濃い茶色になるのが下の層、油分の多い生クリーム主体の白く浮き上がるのが上の層となるのです。ただしパウダーではなくココア飲料を使うと材料が完全に混ざってしまい、2層にはならないので要注意です。上はクリーミー、下はツルンと食感の違いも楽しめる、おトクなプリンなんです！

注意！
牛乳などを加熱する際は、ふきこぼれないように注意し、沸とう寸前で火を止めてください。

勝 手に2層になる魔法のプリン液！
ココアパウダーを入れるタイミングがカギ！！

裏ワザ・2層プリン

材料（4個分）

牛乳 ………… 300cc
生クリーム ………… 100cc
（純生クリーム45％以上のもの）
グラニュー糖 ………… 50g
粉ゼラチン ………… 5g
水 ………… 大さじ1
無糖ココア ………… 10g

作り方

1 水にゼラチンをふり入れて、30秒ほどふやかしておく。

2 鍋に牛乳、生クリーム、グラニュー糖、1を入れ、沸とう直前まで加熱する。

3 ボウルに無糖ココアを入れて、そこに2をおたま1杯分加えて軽くまぜ、そのあと残りの液を加えて混ぜ合わせる。

4 3をこしたあと、透明のカップに流し込み、冷蔵庫で2〜3時間冷やし固める。

粉ゼラチンのふやかし方 ➡ P.93

two layered
pudding

アレンジ

ごま味

材料（4個分）

牛乳 ………………… 300cc
生クリーム ………………… 100cc
（純生クリーム45%以上のもの）
グラニュー糖 ………………… 50g
粉ゼラチン ………………… 5g
水 ………………… 大さじ1
すりごま ………………… 10g

作り方

基本のレシピ（P.72）の無糖ココアをすりごまに替えて作る。

紫いも味

材料（4個分）

牛乳 ………………… 300cc
生クリーム ………………… 100cc
（純生クリーム45%以上のもの）
グラニュー糖 ………………… 50g
粉ゼラチン ………………… 5g
水 ………………… 大さじ1
紫芋パウダー ………………… 10g

作り方

基本のレシピ（P.72）の無糖ココアを紫芋パウダーに替えて作る。

いつものごはんに楽しさをプラス。
おもしろ裏ワザを使えば、
家族の笑顔も満開！
カンタンひと工夫のレシピで

ハッピーな時間を過ごしましょう！

カンタン びっくり おかず

key item
重曹

Kirikoの
ココが裏ワザ！

**お豆腐がとろっとろ!!
なんでとろけるの？**

とろっとろ！の食感を生む裏ワザは、なんと重曹。これを湯に溶かしておき（入れ過ぎるとえぐ味が出るので注意！）、そこにお豆腐を入れると、徐々に豆腐の角がとれて溶けていくんです。お豆腐にはタンパク質がたくさん含まれていて形を保っているんですが、そこにタンパク質を分解する働きを持つ重曹を入れると、次第に豆腐が溶けくずれ、とろける食感が生まれる、というわけ。お豆腐がどんどん溶けて豆乳状態になったスープに野菜やお肉を入れれば立派な豆乳鍋に。また、そうめんを入れると、重曹のアルカリが中華麺に含まれるカンスイと同じ働きをして、そうめんを黄色くさせ、麺にコシをだすので、味つけをすればとんこつ風のラーメンとしても楽しめますよ。

注意！
カセットコンロを使う際は、鍋の状態を見ながら火加減の調節、または差し水をしてふきこぼれないよう注意しましょう。

重曹パワーで3回おいしい！
湯豆腐、豆乳鍋、ラーメンまで楽しめる！

とろ～り裏ワザ・湯豆腐

材料（4～6人分）

- 豆腐（絹ごし）……2丁
- 重曹……小さじ2
- 水……1000cc
- 白だし……100cc
- 顆粒だし（和風）……小さじ1/2
- 鶏肉……300g
- 好みの野菜……適量（白菜、人参、しいたけ、長ねぎ、水菜など）
- そうめん……2束
- 鶏がらスープ（顆粒）……小さじ1/2
- 湯……500cc
- トッピング（メンマ、紅しょうが、チャーシュー、白ごま、万能ねぎなど）

作り方

1 鶏肉、野菜類は一口大に、豆腐は8つ切りにする。鍋に水と白だし、顆粒だしを入れ、沸とうさせたところに重曹を加える。

2 豆腐を入れ、10分ほど加熱する。

3 豆腐がとろけてきたら湯豆腐を楽しむ（ここで豆腐を5～6個残しておく）。

4 火の通りにくいものから順に具（鶏肉・野菜）を入れて、豆乳鍋として楽しむ。

5 湯と鶏がらスープを加えて味を調え、そうめんを入れて表示の分数加熱する。皿に取り分け、好みでトッピングをして、ラーメンとして楽しむ。

urawaza yudouf

banbanji
and
soup

裏 ワザレンジ容器1号のスノコを使えば1度に2つの料理がカンタンにできちゃう

裏ワザ・棒々鶏＆スープ!!

材料（2〜3人分）

［棒々鶏］
皮なし鶏胸肉
（ささみでもOK）……約200g
酒……小さじ1
塩……ひとつまみ
もやし……100g
きゅうり……1〜2本
ごまだれ……適量

［スープ］
鶏がらスープ（顆粒）……小さじ2
湯……200cc
白髪ねぎ……20g
卵……1個
塩……適量
こしょう……適量

作り方

1 鶏肉にフォークで数カ所穴をあけ、酒と塩を軽くふっておく。

2 湯、鶏がらスープ、白髪ねぎを裏ワザレンジ容器1号の底に入れ、付属のスノコを敷いて、その上にもやしと鶏肉をのせる。

3 ふたをして、500Wの電子レンジで5〜6分加熱する。

4 鶏肉に火が通ったら、スノコと一緒に取り出す。残ったスープが熱いうちに溶き卵を入れて軽く混ぜ、塩、こしょうで味を調え、器に盛る。

5 鶏肉は、あら熱が取れたら適当な大きさに裂いて、もやしやきゅうりなどと盛り付け、ごまだれをかける。

key item
裏ワザレンジ容器1号

Kirikoの
ココが裏ワザ！

どうして2つのおかずがいっぺんにできるの？

ひとつの容器で、おかずとスープの2品があっという間にできちゃう、忙しい人にぴったりのメニュー。裏ワザレンジ容器1号に付属のスノコを入れると、電子レンジで使える便利な蒸し器に変身！作り方もとってもカンタン。まず、スノコの下に鶏がらスープと白髪ねぎ、上にはもやしと鶏肉を入れれば準備OK！　後はレンジで約5分加熱するだけで、スノコのすき間から鶏のダシが落ちてうまみの増したスープと、短時間でムラなく加熱され、ふっくらと蒸しあがった蒸し鶏の2品が！　スープはそのままでもおいしいですが、溶き卵を加えればさらに立派な一品に。また、蒸し鶏は裂いて、野菜と一緒に盛ってごまだれをかければ、棒々鶏になります。時間のない時のおかず作りもラクラクです！

注意！
蒸したての鶏肉は大変熱いので、裂く際はやけどに注意してください。

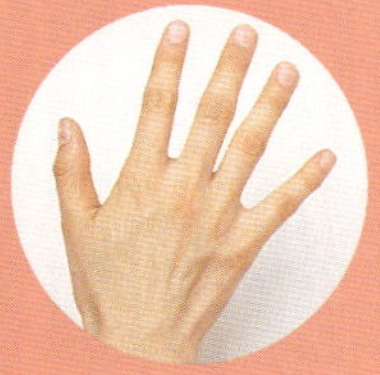

key item
手

Kirikoの
ココが裏ワザ！

きれいなレース作りには手を使うのがイチバン！

卵の液を、ホットプレートにたらして作るオムレース。きれいに作る秘策は、な、な、なんと「手」。指先からたれていく卵液の量が、繊細なレース模様を作るのにちょうどよいのです。ちなみにフォークだと卵がうまくすくえないし、茶こしだと膜ができてしまってきれいに落ちていきません。手で卵をすくうときは、手の平で卵液を一度つかむようにしてから指先へ伝わせ、ホットプレート上で手を前後左右に動かしていくと、液が均等に落ちて細かいレース状になります。もちろんフライパンでもオムレースは作れますが、ホットプレートを使ったほうが表面の温度が均一なのでよりきれいに仕上がります。ぜひ、お子さんと一緒に、楽しみながら作ってくださいね。

注意！
はじめに手をきれいに洗いましょう。
スイッチを入れたホットプレートには直接さわらないでください。また、できあがりをホットプレートからはがす作業はやけどの恐れがありますので、菜ばしなどを使って大人がやるようにしましょう。

卵のレースが超カワイイ！
適当に手を動かすだけで卵焼きが華やかに！

簡単オムレース!!

材料（4人分）

卵	3個	片栗粉	小さじ1
砂糖	小さじ1	チキンライス	4人分
塩	小さじ1/4	ケチャップ（好みで）	適量

作り方

1 ボウルに卵、砂糖、塩、水小さじ1で溶いた片栗粉を入れ、菜ばしを立ててボウルの底につけながら、あまり泡立てないようにしてかき混ぜる。

2 あらかじめホットプレートを温めておき、手に1をつけ、指先を下に向けて前後・左右に振りながらレース状になるようにたらしていく。

3 150℃くらいの低温で焼き、菜ばしを使って端からゆっくりとはがす。

4 皿にチキンライスを盛り付け、その上に3を2枚重ねてのせる。好みでケチャップなどのソースをかける。

kantan omu-lace

アレンジ

茶巾寿司

材料（1個分）

オムレース ………… 2枚
五目ちらし寿司 ………… 適量
三つ葉 ………… 1本

作り方

五目ちらし寿司を丸くにぎり、それをオムレースで茶巾になるように包み、ゆでた三つ葉で結ぶ。

kantan omu-lace

手まり寿司

材料（7個分）

オムレース ………… 7枚
五目ちらし寿司 ………… 適量
いくら ………… 適量

作り方

五目ちらし寿司を丸くにぎり、それをオムレースで丸く包み、いくらを真ん中にのせる。いくらをキャビア、とびこにしてもOK。

太巻き

材料（1本分）

オムレース ………… 1～2枚
太巻き寿司 ………… 1本

作り方

太巻き寿司に、オムレースを巻きつける。

オムレース弁当

材料（1人分）

オムレース ………… 1～2枚
チキンライス ………… 適量
唐揚げなどのおかず

作り方

チキンライスにオムレースをのせて、唐揚げなどのおかずを詰める。

手巻きサラダ

材料（1個分）

オムレース ………… 1枚
ポテトサラダ ………… 適量
サラダ菜など ………… 適量

作り方

ポテトサラダなど、お好みの具をレタスとオムレースで手巻き寿司のように巻く。

key item
変身ゆでたまご2

Kirikoの
ココが裏ワザ！

容器に入れて10分、
するとゆで卵が大変身！

ゆで卵って手軽に作って食べられる身近な存在。でも、いつも同じじゃ飽きちゃいませんか？　そんな時、変身ゆでたまご2を使って、ゆで卵を3Dの立体型に変身させ、オシャレなフィンガーフードを作ってはいかが？　裏までしっかりと形が付き、きれいな立体形になったゆで卵を食べられる器に見立て、中の黄身を取り出した後、好きな具材を詰めれば、手軽につまめるおかずに早変わり。取り出した黄身は、タルタルソースやサラダにして一緒に食べてもGOOD！　また、かぼちゃタイプをできあがった直後にカレー液につけると、表面が黄色くなってより本物っぽく仕上がりますよ。変身のさせ方は簡単！　ゆでたての熱い卵を容器の中に入れて閉め、ボールにはった水の中で約10分冷やせばできあがり！

注意！
できたてのゆで卵は大変熱いので、やけどに注意してください。

パーティやお弁当にぴったり！
ゆでたまごが大変身！あけて楽しい

ゆで玉手箱

材料（各1個分）

［かぼちゃタイプ］
ゆで卵
かぼちゃサラダ

［おにぎりタイプ］
ゆで卵
味つけごはん
のり、ふりかけ

作り方

1 ゆで卵が熱いうちに、殻をむいて変身ゆでたまご2容器に入れ、ふたを閉める。

2 容器を逆さまにして冷たい水の中に入れ、10分ほど冷やす。

3 おにぎりタイプの卵の真ん中を切って黄身を取り出し、味つけごはんを詰め、のりを巻いたり、ふりかけをかける。

4 かぼちゃタイプの卵の上部を切って黄身を取り出し、かぼちゃサラダを詰める。黄色くしたい場合は、カレー粉大さじ1を100ccのお湯に溶いた液体の中に10〜15分浸す。

Yude
tamatebako

urawaza tokoroten

子どもも喜ぶカラフルなところてん！
色鮮やかに変身する秘密はなんと紫キャベツ！

裏ワザ・ところてん

材料（4人分）

紫キャベツ	50g
粉寒天	4g
水	500cc
酢	適量
うすくちしょうゆ	適量
だし汁	適量
トッピング（ごま、青じそ）	

作り方

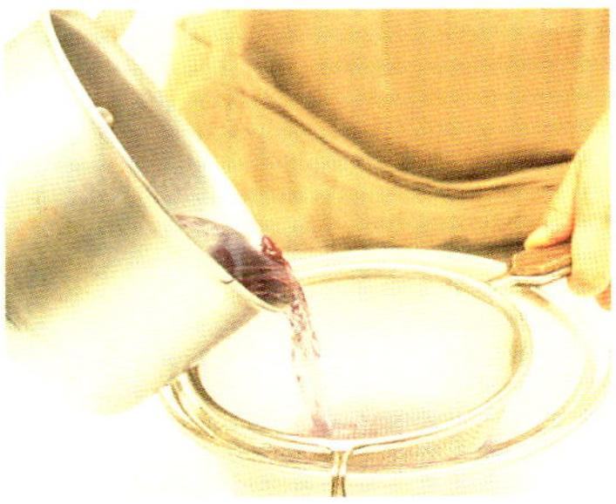

1 紫キャベツをせん切りにする。鍋に湯を沸かし、紫キャベツを入れて1分ほどゆで、湯が紫色になったら火を止めてざるでこす。

2 紫色の湯を鍋に戻し、粉寒天を入れて再度火にかける。沸とうして1～2分経ったら火をとめて、もう1回こす。

3 密閉容器に移しかえ、あら熱が取れたら冷蔵庫に入れ、冷やし固める。

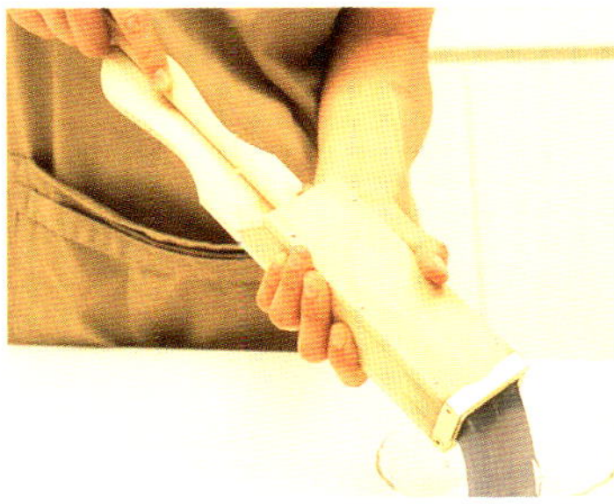

4 包丁やところてんの突き棒などで細切りにし、器に盛り付ける。

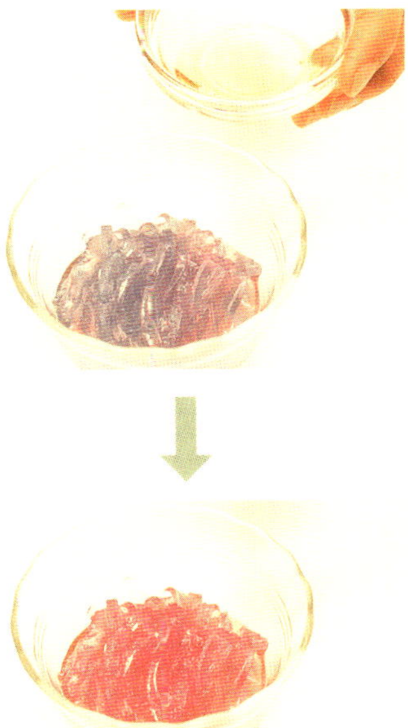

5 酢をかけて色の変化を楽しんだあと、だしじょうゆにつけて食べる。好みでごま、青じそなどをかける。

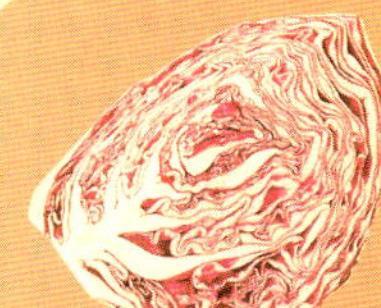

key item
紫キャベツ

Kirikoの
ココが裏ワザ！

ブルーからピンクへ！ どうして色が変わるの？

“ところてん”って、なんか地味って思っていませんか？ でも裏ワザ・ところてんはブルーからピンクに色が変わる！ お子様も大喜びの大変身レシピです！ 色が変わる秘密は、なんと紫キャベツ。紫キャベツを煮た時にできる青色のお湯を寒天で固めると、涼しげなブルーのところてんに！ これだけでもビックリですよね。ところが！ そこにお酢を加えるとだんだん色が変化して、なんとも色鮮やかなピンク色に大変身するのです！ 色が変化するのは、紫キャベツのアントシアンという色素がお酢に反応するから。色の変化を楽しんだあとは、だしじょうゆなど、お好みの味に整えて食べてくださいね。もちろんゆでた紫キャベツはムダになりません。ツナやコーンを入れマヨネーズであえるだけで簡単にサラダができますよ。

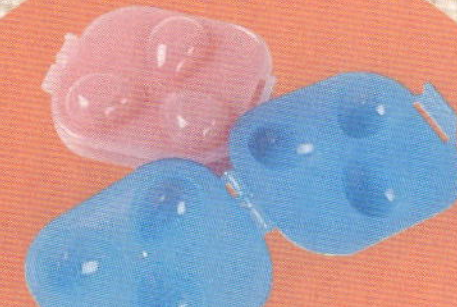

key item

変身うずらたまご

Kirikoの
ココが裏ワザ！

うずらの卵がかわいい6つの顔に大変身！

お弁当作りって結構大変な作業ですよね。特に季節のイベントがあるときなんかは、いつもと違うお弁当にしたくてもおかずのレパートリーがそんなにあるわけじゃないし…。そんな時、いつものうずらの卵を変身させれば、簡単にかわいいお弁当ができちゃうんです！ 変身のさせ方は超カンタン！ ゆでたてのうずらの卵を変身うずらたまごの中に入れてフタを閉め、容器ごと水の中へ10～15分つけると…かわいいキャラクターに大変身！ あとはチキンライスに薄焼き卵を巻いて、着物風の胴体を作ればおひなさまができあがり！ ほかにも、ソーセージやミートボールなどとあわせて串にさしたりと、アレンジはいろいろ楽しめます。毎日のお弁当作りをもっとカンタンに楽しんでください。

注意！
ゆでたてのうずらの卵は大変熱いので、やけどに注意してください。

ひなまつりがますます楽しみに！
変身うずらたまごでかわいいお弁当

おひなさま弁当

材料（1人分）

ゆでたうずらの卵 ……… 2個
おにぎり ……… 2個
薄焼き卵 ……… 適量
ハム ……… 適量
ほうれん草 ……… 適量
かまぼこ、
プチトマトなどの飾り

作り方

1 ゆでたてのうずらの卵を、熱いうちに殻をむいて変身うずらたまご容器に入れ、ふたを閉める。

2 容器ごと冷たい水の中に入れて、10～15分冷やす。

3 おひなさま用のおにぎりはハムを巻き、少しずらして薄焼き卵を巻く。おだいりさま用はゆでたほうれん草で巻き、少しずらして薄焼き卵を巻く。

4 かまぼこやプチトマトなどで、ひな壇(だん)のようにつめる。

ohinasama bento

key item
オーブン210℃
（高温）

Kirikoの
ココが裏ワザ！

モコモコ…どうしてこんなにふくらむの？

焼いている間にモコモコ…なんでこんなにふくらむのか？実は、水分たっぷりの生地を高温で焼くのがポイント！通常パンは180℃くらいの一定の温度で焼くことがほとんどですが、モコモコパンはまず210℃の高温で、次に180℃まで下げてと2段階の温度で焼きます。最初高温で焼くことによって、生地の中の水分が水蒸気に変わり、さらに加熱によって膨張する性質を持つベーキングパウダーが、生地をグングン押し上げてモコモコに！また、ふつうは1次発酵、2次発酵と時間がかかるパン作りですが、このパンは生地を休ませるのは1回で20分だけ！　アルミカップがなければ紙のカップでも作れます。型からはずれない時は竹串などを型とパンの間に入れてはがしてくださいね。

注意！
オーブンから出し入れする際は、直接鉄板をさわらないように注意してください。また、焼き上がったパンを型から取り出すときは、型の温度を確かめましょう。

生地作りが超簡単！高温で焼くとムクムクふくらむユニークパン！

裏ワザ・モコモコパン

材料（直径5.8cm深さ5.5cmアルミカップ　10個分）

薄力粉 ………… 160g
ベーキングパウダー … 小さじ1/3
塩 ………… 小さじ1/4
卵 ………… 2個
卵白 ………… 1個分
牛乳 ………… 300cc
無塩バター …… 大さじ1（13g）

作り方

1 あらかじめオーブンを210℃に温めておく。型にバター（分量外）を多めにぬり、卵と牛乳を室温に戻しておく。

2 ボウルに粉類をふるい入れ、卵、卵白、牛乳を加えてハンドミキサーの低速でなめらかになるまで（約3〜4分・泡立て器の場合は約5分）混ぜる。

3 無塩バターを500Wの電子レンジに30秒かけて溶かし、2に加えて混ぜ、20分ほど休ませる。型の7分目まで流し入れ、210℃で20分、180℃に下げて15分焼く。

4 卵マヨネーズなど、好みのものをはさむ。

ディップの作り方

卵マヨネーズ
ゆで卵の黄身と白身を分け、黄身をつぶしてマヨネーズであえる。細かく切った白身を加えて、塩、こしょうで味を調える。

ツナマヨネーズ
みじん切りにして水にさらした玉ねぎと油をよく切ったツナとマヨネーズ、レモン汁、パセリのみじん切りを混ぜ合わせてこしょうで味を調える。

ブルーベリークリームチーズ
常温に戻しておいたクリームチーズをやわらかくなるまで練り、ブルーベリージャムを加えてよく混ぜる。

moco moco bread

ステップアップテクニック

Step up Technique

お料理に少し慣れてきたら、ちょっとしたコツを覚えて、さらに腕を上げちゃいましょう。
このテクニックをマスターすれば、いろいろな行程もよりスムーズに。
これであなたも、裏ワザレシピの達人になれちゃいます!!

ゼリーなどの型を上手に抜くコツ

型全体をぬるま湯にさっとつけるか、ゼリーの縁を軽く押すとうまくいきますよ！　皿を型にかぶせてひっくり返し、静かに型を抜きましょう。

チョコレートの上手な溶かし方

できるだけ細かくきざんだチョコレートをボウルに入れ、45℃くらいのお湯で湯せんして溶かします。木じゃくしでボウルの底をするように、少しずつゆっくり溶かしてください。ココでポイント！　チョコレートを入れたボウルは、下のお湯が入ったボウルより大きいものを使ってください。チョコレートにお湯や湯気がかかると風味が損なわれちゃうんです。

バターや卵を室温に戻す時間

作り方に、「バターを室温に戻しておく」とか「卵を室温に戻しておく」とか結構ありますよね。それってどのくらいか、ちょっと判断に困りませんか？　そんなときの目安がこちら！　バターを写真のように指で押して、指の跡が残る程度が調理を始めるのにちょうどよいやわらかさです。季節にもよりますが、1〜3時間くらいで戻りますよ。卵は押すわけにもいきませんので、時間だけの目安ですが、だいたい30分から1時間くらい前に冷蔵庫から出しておけば大丈夫です。

カラメルの作り方

1 小鍋に砂糖50gと水大さじ1を入れて混ぜ、弱火にかけます。

2 ときどきかき混ぜながらじっくり煮詰めていきます。

3 やや黒っぽいカラメル色になったら、ぬれ布巾の上にいったんおきましょう。

4 水大さじ1を加えて再び弱火にかけます。全体が混ざってとろっとしたらできあがり。

粉ゼラチンのふやかし方

1 必ず、液体にゼラチンをふり入れてください！　逆にするとダマができちゃいます。

2 30秒ほどふやかします。すぐ固める工程に入るときは、このあと電子レンジに入れて30秒加熱してから他の材料と混ぜてくださいね。

あとがき

みなさん「裏ワザCookingカンタンレシピブック」はいかがでしたか？
私も伊東家に来て丸2年。これまでいろいろな裏ワザメニューを紹介してきました。
裏ワザメニューは、びっくりするほどカンタンで、デザートやおかず作りの常識を覆すものばかりなので、いつも自信を持ってお届けしているんです！
そんな自信作だからこそ！　リハーサルの時も、本番と同じようにスタッフと手順の一つ一つを真剣にチェック。そして、エプロンを着けていざ本番へ！　さぁメニューを発表するぞって時が、すごくキンチョーしちゃうと同時に、実は一番楽しみな瞬間でもあるんです。
だって、伊東家のみなさんの反応はいつも正直で、時にはつっこまれることもあるけど、驚いたりしながらも、ほとんどはおいしいといって食べてくれるので、そんな表情を見るのが何より楽しみなんですよね。収録後、みんなに「おいしかったよ」なんて声をかけられると、次回はもっといいメニューを紹介するぞ！　と気合が入っちゃいます。
これからも頑張っていくので「裏ワザCooking」をどうぞよろしくお願いします。

磯野貴理子

伊東四朗
五月みどり
布施博
RIKACO
三宅健
山口美沙

磯野貴理子

協力　オルテ企画
第一プロダクション
エム・アール
オフィスまとば
ジャニーズ事務所
スペースクラフト
石井光三オフィス

editorial staff

プロデューサー	岡田サチノブ
	小山正
プランニング	ザ・ランニングホームラン
編集	岡村有紀子
	板垣多実
撮影	鈴木亜希子（so planning）
	春日ヒロシ（P.94）
スタイリング	伊豫利恵（so planning）
文	須永久美
アートディレクション	日向美和子
スタイリスト（磯野貴理子さん）	
	繁田美千穂（アンラックス）
ヘアメイク（磯野貴理子さん）	
	小菅孝（パースィー）

TV staff

チーフプロデューサー	梅原幹
企画統括	雨宮秀彦
裏ワザCookingプロデューサー	山本瑠美子
メニュー開発	楠真紀　平野康恵
フードコーディネーター	渡邊香春子　高岡久己
	鈴木由子
	高橋ゆうみ　前田直子
	仙葉まさみ
裏ワザCookingディレクター	水谷陽子　渡部元晴
	岡本映子
裏ワザCookingリサーチ	牛久保明子　稲葉智絵
	岡本順子
料理監修	渡辺有子　鷲見美智子

書籍プランナー	松本陽子

プロデューサー	磯野太　下田明宏
	小坂真由美　藤井則子
	青海鉄山　松成鈴代
総合演出	芦澤英祐
番組ディレクター	滝田朋之　竹田次彦
	米川昭吾　丸山信也
	浦田祐一郎　長谷川九実子
	山泉貴弘　杉江達也
	今野恒　石谷徳崇
	塚田直之　小沢信人
	文野甲　川勝茂
	渡辺泰裕　佐藤珠恵
	梅田朋美
	倉田忠明　黄木美奈子
	中野裕子
AP	宇都宮優貴子　田畑まなみ
デスク	村田順子
情報管理	山西乃里江　田口利恵
リサーチコーディネーター	辻光一郎　倉品加奈子
	佐々木幸司　大田和恵子
	入江規允
プランナー	串田良広　田代まゆみ
	坂本愛
全裏研	横山晋哉
協力	創輝　ザイオン　アガサス
	ワイズメンコミュニケーションズ

伊東家の食卓

裏ワザCooking カンタンレシピブック

初版　2004年11月９日
第7版　2005年１月21日

発行人
小野寺徹

発行所
日本テレビ放送網株式会社
〒105-7444
東京都港区東新橋一丁目6-1

印刷
図書印刷株式会社

ISBN4-8203-9909-8 C0076

乱丁・落丁はお取り替えいたします。
定価はカバーに表示してあります。

お問い合わせ先
☎03-6215-4444（視聴者センター部）

Colette
au jardin

Marie-Christine Clément
Photographies de André Martin

Albin Michel

Sommaire

« Un Jardin où l'on peut tout cueillir,
tout manger, tout quitter et tout reprendre… »

Page 1, anémone de Caen (*A. coronaria*) ; pages 4-5, violettes et bégonia ; page de sommaire, lilas pourpre.

Avant-propos

Un détail m'avait particulièrement frappée lors de la préparation de l'ouvrage *Colette gourmande* : toutes les maisons habitées par l'écrivain, choisies par elle, étaient petites et humbles, mais toutes étaient situées au centre de vastes espaces, dressées au milieu d'un jardin, d'un parc, ou ouvertes sur une vue toujours encadrée de collines ou de murs. Quelle que soit la province élue, Colette n'avait pas fait le choix d'une maison mais bien d'un jardin. Son principal souci avait été de s'aménager des coins de verdure, des coussins de couleurs, des refuges sylvestres en lieu et place de douillet mobilier. Ses maisons n'avaient été que des nids, des abris sommaires. Son principal lieu de vie était au-delà des murs, au milieu des plantes et des animaux. N'avait-elle pas d'ailleurs investi des maisons au nom significatif : les « Monts-Boucons », sur une colline dans le Jura, « Rozven », au cœur d'une rose des vents en Bretagne, et « la Treille muscate », au milieu d'une vigne en Provence ? Ainsi est née l'idée de ce livre. Explorer cette passion, ce lien indéfectible entre l'écrivain et la nature, défricher les broussailles de ses textes afin de mettre à jour ses conceptions sur le jardin, définir les lieux qui l'ont influencée et ceux qu'elle a créés, rassembler enfin en un bouquet ses fleurs aimées, afin que chacun puisse, à son tour, en les cultivant dans son propre jardin, faire éclore à nouveau l'esprit de celle qui jamais ne cessa de fleurir…

Le jardin de l'enfance

Une petite fille dans un jardin…

Ci-contre, portrait posé de Gabrielle Sidonie Colette à l'âge de treize ans. Ci-dessus, fleurs de seringat (*Philadelphus coronaria*). Double page précédente : la glycine centenaire, cascade mauve au-dessus de la rue des Vignes, à Saint-Sauveur-en-Puisaye.

Allongée sur la plus grosse branche du noyer, elle est là, tapie comme un chat, et nul ne peut apercevoir sa « figure prude et pointue ». Au milieu du feuillage noir, seuls ses deux yeux brillent. Autour d'elle, le jardin de la maison natale vibre dans la lumière de l'été. Le rouge et le rose des « sanguines filles du rosier, de la Croix-de-Malte, des hortensias et des bâtons-de-Saint-Jacques » résonnent sur les murs chauds ; les sapins jumeaux, dans lesquels ses deux frères aînés ont élu momentanément domicile, échangent des « révérences précipitées » ; la chatte cuit au soleil comme une fleur blanche anémiée ; les abricots embaument sur les espaliers adossés au mur du fond : tout est calme et éternel en cette belle journée, dans le jardin de la famille Colette, en ce petit village bourguignon de Saint-Sauveur-en-Puisaye.

Sido, la fée du jardin

Soudain une petite femme ronde émerge de l'arcature de fer rouillé qui retient le hamac de glycine et de bignone sur la façade de la maison, berceau naturel où les chats aiment se coucher. « Sido », la mère de celle qui n'est pas encore devenue « Colette », sort de cette grotte d'ombre, illuminée de son « tranquille, son glorieux visage de jardin ». La véritable âme de ce jardin, c'est elle, Sidonie Landoy, veuve de Jules Robineau, qu'un seul être au monde ose alors nommer de ce petit nom qui s'épelle sur deux notes — « Si-do » —, son second mari, l'ancien capitaine des zouaves, le tendre, l'amoureux Jules Colette.

Vêtue comme une paysanne, elle n'en est pourtant pas une. Mais, avec son tablier, ses manches roulées et ses sabots, elle n'eut jamais « l'air humble, ni vulgaire ». Sa vivacité, ses mots primesautiers, son « regard gris voltigeant », « inquiète de tout ce qui, privé d'elle, perdait la chaleur et le goût de vivre », font d'elle une femme foncièrement provinciale et généreuse, attentive à autrui, mais aussi fantaisiste, fine et perspicace. Comme à son habitude, elle porte « son chapeau de jardin roussi par trois étés, à grands bords, à petit fond cravaté d'une ruche marron, et son tablier de jardinière, dont le bec busqué du sécateur a percé une poche. Des graines de nigelle, dans leur sachet de papier, font, au rythme de son pas, un bruit de pluie et de soie égratignée au creux de l'autre poche ». Son arrivée dans le jardin s'accompagne toujours de ces gestes anodins mais précis, scrupuleusement attentifs, qui sont ceux d'une vraie jardinière. Elle se penche vers la terre, scrute chaque feuille, retourne chaque pétale, relève les têtes des fleurs pour les regarder en face, interroge les « semences dormantes » de son ongle « dur et bombé », coupe les pétioles défleuris, casse le grelot sec d'un pavot, cueille d'un geste prompt la fleur fanée ou la feuille odoriférante, gratte le rosier « emperlé de pucerons verts », cache dans sa poche les premières noix tombées… « Penchée sur une plante, courbée pour traquer la courtilière qui décimait les salades, accroupie et fouillant le profond feuillage des violettes doubles, quand, et sur quelles merveilles, ne l'ai-je pas vue penchée ? » se souviendra plus tard sa fille.

Ci-dessous, portrait de Sidonie Colette dite « Sido », la mère de Colette à quarante ans et, page de droite, ses attributs de jardinière : plantoir, sécateur et graines de nigelle. « Elle vécut balayée d'ombre et de lumière, courbée sous des tourmentes, résignée, changeante et généreuse, parée d'enfants, de fleurs et d'animaux comme un domaine nourricier. » (*La Maison de Claudine*, 1922).

Au centre, Colette à cinq ans.

Ci-dessus, portrait du capitaine Jules Colette, orné de ses médailles auxquelles fut ajoutée la légion d'honneur de Colette elle-même.
Ci-dessous, Sido et son mari le capitaine disputant leur traditionnelle partie de dominos dans le jardin.
Page de gauche, portrait de Sido à l'âge de dix-huit ans avec son pince-nez légendaire et quelques ancolies des grands-mères posées sur une lettre adressée à sa fille.

Le jardin est un lieu d'émerveillements sans cesse renouvelés et Sido est, en la matière, une extraordinaire éducatrice. Ce n'est certes pas son mari d'origine toulonnaise, « le capitaine », qui lui contesterait cette suprématie. Jules Colette, invalide de guerre — il a perdu une jambe à la bataille de Melegnano en 1859 —, est, hors de la maison et de ses profonds fauteuils de reps vert, comme un escargot hors de sa coquille. « Bastionné » derrière son journal, il ne connaît des plantes que leur nom scientifique et ne sait pas les reconnaître quand il les croise... « Il louait, sous le nom de "rose", toute corolle épanouie, il prononçait l'*o* bref, à la provençale, en pinçant, entre le pouce et l'index, une "roz" invisible... » « Il était poète et citadin. La campagne, où ma mère semblait se sustenter de toute sève, et reprendre vie chaque fois qu'en se baissant elle en touchait la terre, éteignait mon père, qui s'y comporta en exilé. » Les animaux eux-mêmes n'établirent jamais aucune complicité avec lui et refusèrent toujours de lui obéir. « Tu es si humain ! » lui disait Sido. « Oui, tu comprends, tu étends la main pour savoir s'il pleut. »

Au contraire, Sido, en complète communion avec la nature, détecte chaque changement, lit dans chaque signe un sens profond. Véritable pythonisse, elle a ses rites et ses propres instruments de divination. Une guirlande de lunettes cliquète journellement autour de son cou, ses « armes » ne la quittent jamais : « un pince-nez, deux pince-nez, une paire de lunettes, une loupe », des « lunettes-du-lointain », « deux binocles » dont elle dénoue toujours « avec impatience la chaînette d'acier et le cordonnet noir » et un « face-à-main raccommodé avec du fil de fer » sont ses serviteurs les plus fidèles. Elle les braque tour à tour sur « les cristaux ramifiés » d'un flocon de neige, sur les nuées roses qui filent dans le ciel ou sur les avoines barbues cousues sur un petit carton qui vibrent au gré du temps, prédisent « le sec et le mouillé » et sont de « si sensibles baromètres ». De même, Sido n'a « point sa pareille pour feuilleter, en les comptant, les pelures micacées des oignons » et, selon le nombre de leurs « robes », elle élabore sa tactique pour l'hiver.

Le jardin des prodiges

Pour la petite fille qui l'observe et l'admire, elle apparaît comme une fée qui trône sur une étoile de jardins ; jardins mitoyens, appelés « jardins-de-derrière » où un éternuement, une ritournelle, des bruits de sabots, un éclat de voix, une sonnette grêle dénoncent discrètement la vie des villageois. « On y vivait l'été, on y lessivait ; on y fendait le bois l'hiver, on y besognait en toutes saisons, et les enfants, jouant sous les hangars, perchaient sur les ridelles des chars à foin dételés. » Chacun se connaît et se reconnaît au moindre bruit, une confiante connivence règne sur les lopins potagers. « Quel mal jamais fût venu par-dessus un espalier mitoyen, le long des faîtières en dalles plates cimentées de lichen et de sédum jaune, boulevard des chats et des chattes ? » La mère Adolphe au nord, maître de Fourolles, le notaire, à l'est, Cèbe au sud et à l'ouest, chacun est à son poste sur l'étoile des jardins et Sido mène la manœuvre. Sa « suzeraineté » mais aussi sa prodigalité et sa « sollicitude » entretiennent des « prodiges familiers » qui enchantent la petite Gabrielle : une voix de « prophète enrhumé » portée par des « pelotes de brumes » prédit l'arrivée de la chatte par le lilas ; « apport de songe, fruit d'une lévitation magique », piquet et cordeau à repiquages volent par-dessus le mur et atterrissent à ses pieds. Sido elle-même renverse sa tête et demande au ciel : « "Qui veut de mes violettes doubles rouges ?". "Un inconnaissable de l'est, plaintif et féminin" lui répond : "Moi, madame Colê..ê..tte !" et un petit bouquet, noué d'une feuille aqueuse de jonquille, vol[e] en l'air, recueilli avec gratitude par l'orient plaintif. "Qu'elles sentent donc bon ! Dire que je n'arrive pas à élever les pareil..ei..lles !" »

Dans ce jardin singulier, la fée Sido étend sa complicité aux points cardinaux et aux vents dominants auxquels elle adresse des « appels directs ». Postée près de la pompe, là où le jardin domine, comme un balcon suspendu, les toits déclinants de Saint-Sauveur et les bois moutonnants de Moutiers, le village voisin, Sido, telle une vigie, « convoque et recueille encore les rumeurs, les souffles et les présages qui accourent à elle, fidèlement, par les huit chemins de la Rose des Vents ». Le souffle humide de l'ouest lui annonce une bienveillante pluie ou, l'hiver, la bourrasque de neige qui fera plier les oreilles des chats ; le sud, un jour, lui apporta une pluie chaude qui, raconte-t-elle, contenait des grenouilles ; quant à l'est avec sa bise et son beau-froid-sec, cousin du vent du nord, elle le considère comme son ennemi personnel. « À contrecœur elle faisait pacte avec l'est : "Je m'arrange avec lui", disait-elle. Mais elle demeurait pleine de suspicion et surveillait, entre tous les cardinaux et collatéraux, ce point glacé, traître, aux jeux meurtriers. Elle lui confiait des bulbes de muguet, quelques bégonias, et des crocus mauves, veilleuses des froids crépuscules. » Dès qu'il s'annonce, en hiver, elle court au jardin coiffer de « cornets en papier toutes les petites créatures végétales assaillies par la lune rousse ».

« Mon imagination, mon orgueil enfantins situaient notre maison au centre d'une rose de jardins, de vents, de rayons, dont aucun secteur n'échappait tout à fait à l'influence de ma mère. » (*Sido*, 1929).
Ci-contre, violettes.
Pages suivantes, la petite Gabri et son frère Léo en 1880 devant la maison mangée de verdure. « Notre seul péché, notre méfait unique était le silence, et une sorte d'évanouissement miraculeux. » (*La Maison de Claudine*, 1922.)

Ci-dessus, une impressionnante collection de cactées sur un reposoir tel que celui de Sido et, à droite, les bulbes de jacinthes conservés dans la paille du poulailler.
Page de gauche, le fameux cactus rose, capricieuse mamillaire, pour laquelle Sido refusa de se rendre à Paris de peur d'en manquer la floraison. « Puissé-je n'oublier jamais que je suis la fille d'une telle femme qui penchait, tremblante, toutes ses rides éblouies entre les sabres d'un cactus sur une promesse de fleur. » (*La Naissance du jour*, 1928.)

Attentive aux moindres signes du ciel, Sido ne l'est pas moins aux frémissements de la terre. Le grand enseignement qu'elle lègue à sa fille est celui du regard, de l'observation, de l'insatiable curiosité, de l'éternel émerveillement. « Son grand mot : "Regarde !" signifiait : "Regarde la chenille velue, pareille à un petit ours doré ! Regarde la première pousse du haricot, le cotylédon qui lève sur sa tête un petit chapeau de terre sèche… Regarde la guêpe qui découpe, avec ses mandibules en cisailles, une parcelle de viande crue… Regarde la couleur du ciel au couchant, qui annonce grand vent et tempête". » Un « reposoir de plantes en pots », établi sur des « gradins de bois peints en vert » sous le couvert de la glycine contre un mur chaud de la maison, constitue son « musée d'essais » et un lieu privilégié d'initiation aux lois de la nature. « Géraniums rares, rosiers nains, reines-des-prés aux panaches de brume blanche et rose », collection de « "plantes grasses" poilues et trapues comme des crabes, des cactus meurtriers », godets d'argile, caissettes en bois, pots désignés par de petites fiches qui contiennent ses trésors : graines de lupin bleu, bulbe de narcisse venu de Hollande, graines de physalis, bouture d'hibiscus — « mais non, ce n'est pas une branche morte ! » —, semences de pois de senteur « dont les fleurs ont des oreilles comme des petits lièvres ».

Une autre leçon fut de faire comprendre à sa fille qu'il ne fallait pas « surprendre la griffe ascendante du cotylédon, le viril surgeon que le printemps chassait de sa gaine », qu'il ne fallait pas contrarier « l'aveugle dessein » de ce qui essaie de vivre quitte à renoncer pour quelques semaines à « ce choc, ce battement accéléré du cœur, cet arrêt du souffle », à « la solitaire ivresse du chercheur de trésor » qui les animent toutes deux. Le respect de cet élan vital entraîne cette mère à une admiration sans bornes, une paralysie quasi extatique devant toute forme de vie, animale ou végétale, palpitante. Elle ne pourra jamais tuer une chenille de paon de nuit qui dévaste pourtant toute la verdure autour d'elle, ni chasser ce merle qui, méthodiquement, mange toutes les cerises du cerisier devant elle, « passionnément immobile » : « — Mais, maman, les cerises !… Ma mère ramena sur la terre ses yeux couleur de pluie : "Les cerises ?… Ah ! oui, les cerises […] — C'est vrai, les cerises… Il te faut aussi les cerises…" Le merle était parti, gavé, et l'épouvantail hochait au vent son gibus vide. » Il en fut de même pour les volailles élevées au poulailler. Sido préféra se séparer des petites poules rousses qui venaient picorer du grain dans ses mains plutôt que de les tuer et ne servit plus à sa table que des « poulets inconnus ». Le poulailler devint une resserre où l'hiver « les bulbes de dahlias, les oignons de jacinthes et de tulipes, et les crocus s'en allèrent sommeiller »…

Le triomphe des fleurs

Le même respect guide ses relations avec les végétaux. « Sido répugnait à toute hécatombe de fleurs. » Aussi quand une voisine vient lui en demander pour orner une tombe ou parer un corbillard, un non « vindicatif » lui répond et fait scandale dans tout le village. « Mes roses-mousse ! Quelle horreur ! Sur un mort ! [...] Non. Personne n'a condamné mes roses à mourir en même temps que M. Enfert. » De même, elle refuse de prêter « géraniums doubles, pélargoniums, lobélias, rosiers nains et reines-des-prés aux reposoirs de la Fête-Dieu ». Mais « elle qui ne savait que donner » fait volontiers porter par sa fille un « message de fleurs » à ses voisins malades ou à son amie Adrienne Saint-Aubin, bouquets d'ancolies doubles, d'aconits et de campanules, ou bien sacrifie avec joie l'une de ces magnifiques roses 'Cuisse de Nymphe' à un nouveau-né qu'on venait de lui présenter. Le nourrisson acceptait la rose « avec empotement », pétrissait la fleur, la suçait et lui arrachait les pétales « rebordés et sanguins à l'image de ses propres lèvres » sous les applaudissements de Sido et le regard secrètement jaloux de sa fille... Encore seulement observatrice des dévotions païennes de sa mère, la petite « Gabri » est attirée, à l'instar de ses camarades d'école, par d'autres rites, catholiques ceux-là. Mais plus que le catéchisme ou les vêpres chantées, ce sont surtout la « robe blanche » et le « bonnichon ruché » portés pendant le mois de Marie et les odeurs enivrantes de mai qui la séduisent, « quand les jours sont si longs que par la grande porte de l'église, ouverte face au maître-autel, on voit le soleil se coucher par-delà les cierges, et que l'odeur des troupeaux remontant vers le village se mêle à celle des camomilles, des premiers lys et des roses blanches autour de la Vierge de plâtre... » La petite fille, « engourdie par l'encens des fleurs chaudes, enchantée du parfum mortuaire, de la pourriture musquée des roses », charmée par les « prières volubiles » et les « échanges d'images et de chapelets » succombe à la superstition plus qu'à la piété, couche elle aussi « le lilas, la camomille et la rose devant l'autel de la Vierge » et rapporte avec fierté à la maison un bouquet bénit. « Ma mère rit de son rire irrévé-

« Midi. Un milieu de journée sans nuage, sans brise, un midi qui dilate les boiseries vermoulues, fane la rose enlacée aux balustres de la fenêtre, assagit les oiseaux. Le soleil perce de part en part la bibliothèque et cloue sur un panneau l'ombre connue de l'araucaria. Les abeilles qui logent dans le mur travaillent avec une frénésie innocente, tissent un filet d'or volant dans la pièce, heurtent une vitre, butinent la digitale rose debout dans un long vase, cinglent ma joue, la joue de Bel-Gazou, et ne me piquent point. »
(*La Chambre éclairée*, 1920.)
À gauche, digitales.

« De l'autre côté des persiennes tirées contre le soleil, c'est le jardin... Non, jardin, non, je ne te verrai que dans une heure ! Tu m'émeus si fort, du seul murmure de tes feuilles, il y a si longtemps que ne j'ai mangé de ta verdure ! »
(*Claudine en ménage*, 1902.)
« Tout est encore devant mes yeux, le jardin aux murs chauds, les dernières cerises sombres pendues à l'arbre, le ciel palmé de longues nuées roses, tout est sous mes doigts : révolte vigoureuse de la chenille, cuir épais et mouillé des feuilles d'hortensia, et la petit main durcie de ma mère. »
(*La Maison de Claudine*, 1922.)
À droite, ancolie.

rencieux, regarda ma gerbe qui attirait les hannetons au salon jusque sous la lampe : "Crois-tu qu'il ne l'était pas déjà, avant ?". »

Devant cette soudaine rivalité, Sido l'athée partit en guerre contre Monsieur le curé. Elle qui « bannissait du ciel les religions humaines » exprima son vif mécontentement, jeta sur ses épaules « sa "visite" en cachemire noir brodée de jais », coiffa « sa petite capote à grappes de lilas foncés » et s'en alla chez le curé Millot. Alors que la maisonnée imagine « un entretien dramatique, des menaces, des invectives », la porte claque déjà et la petite femme réapparaît, rayonnante : « "Eh bien ? — Ça y est ! s'écriait ma mère. Je l'ai ! — Le curé ? — Non, voyons ! La bouture du pélargonium qu'il gardait si jalousement, tu sais, celui dont les fleurs ont deux pétales pourpre foncé et trois pétales roses ? La voilà, je cours l'empoter. — Tu lui as bien savonné la tête au sujet de la petite ?" Ma mère tournait vivement, sur le seuil de la terrasse, un charmant visage, étonné, coloré : "Oh ! non, quelle idée ! Tu n'as aucun tact ! Un homme qui non seulement m'a donné la bouture de son pélargonium, mais qui encore m'a promis son chèvrefeuille d'Espagne, à petites feuilles panachées de blanc, celui dont on sent d'ici l'odeur, tu sais, quand le vent vient d'ouest...". »

« Claudine petite et silencieuse, à quoi penses-tu ?
— Je pense au jardin.
— Quel jardin ?
— Oh ! "Quel jardin !" Le jardin de Montigny, donc !
— Drôle de petite fille... Devant ce paysage-là !
Me diras-tu qu'il est plus beau, le jardin de Montigny, que ceci ?
— Non, pardi, mais il est à moi. »

Une délicieuse liberté

« Tout le chaud jardin se nourrissait d'une lumière jaune, à tremblements rouges et violets, mais je ne pourrais dire si ce rouge, ce violet dépendaient, dépendent encore d'un sentimental bonheur ou d'un éblouissement optique. » (*Sido*, 1929.)

Quel enfant n'aurait pas voulu suivre un tel exemple. À l'âge de sept ans, la petite Gabrielle Colette composait déjà de minuscules jardins de cailloux où elle plantait les têtes des fleurs coupées à ras tandis que son frère, Léo, le cadet, l'entraînait dans la confection de stèles mortuaires en carton de « la taille d'une musaraigne ». Mais Sido découvrit bientôt ces indésirables intrus derrière le bosquet de thuyas. « C'est du délire, c'est du sadisme, c'est du vampirisme. c'est du sacrilège, c'est… je ne sais même pas ce que c'est… » et elle « cueillit, d'un râteau irrité, dalles, couronnes et colonnes tronquées ». Le jeune adolescent « souffrit sans protester » mais confia à sa sœur avec « une mélancolie de poète », lui qui « aimait les champs de repos comme d'autres chérissent les jardins à la française, les pièces d'eau ou les potagers » : « Crois-tu que c'est triste, un jardin sans tombeaux ? »

Lieu de découvertes, lieu d'émerveillements, le jardin ne fut que rarement le témoin de jeux bruyants. Une seule fois, Gabri, encore petite, eut un dimanche « l'humeur mondaine » et invita sept ou huit de ses petites compagnes à un fol après-midi de « débauche » dans un jardin d'où Sido et les bêtes s'exilèrent… La pelouse en ressortit « versée en tous sens » comme après « une lourde grêle », étoilée d'assiettes d'un ménage de poupée, « grandes comme des marguerites ». Le jardin reprit ses esprits et redevint vite un lieu peuplé de paisibles « sauvages » qui ne recherchaient « que la fleur », c'est-à-dire « le meilleur, le plus désert, le non-foulé, tout ce qui rajeunit et recommence à l'écart de l'homme ». Un long cheveu accroché à une branche basse d'un arbre ou à la balançoire, une corde à sauter oubliée sur les cailloux de l'allée ou un livre fondant sous la pluie trahissaient seuls la présence d'une petite fille. « Notre seul péché, notre méfait unique était le silence, et une sorte d'évanouissement miraculeux. »

Comme Sido dont le « tranquille », le « glorieux visage de jardin » était « beaucoup plus beau que son soucieux visage de maison », comme la grande maison « revêche » qui ne souriait qu'à son jardin sous sa chevelure de bignone et de glycine dorée au soleil et ne s'ouvrait que sur des « gammes malhabiles, un aboiement de chien » et « le chant des serins verts en cage », Colette, plus tard, privilégiera toujours l'extérieur sur l'intérieur de ses maisons et n'oubliera jamais la bienheureuse quiétude qu'apporte la présence d'un jardin. « Peut-être nos voisins imitaient-ils, dans leurs jardins, la paix de notre jardin où les enfants ne se battaient point, où bêtes et gens s'exprimaient avec douceur, un jardin où, trente années durant, un mari et une femme vécurent sans élever la voix l'un contre l'autre… »

Mais ce jardin natal eut la propriété de n'être pas seulement un lieu d'initiation à la nature, un lieu d'apprentissage de la vie, un lieu de confrontation maternelle, un lieu d'émerveillements et de découvertes, de jeux et de rêveries, un refuge contre les intrusions des habitants du village, un nid clos ; il fut aussi un point de départ, une passerelle vers le monde extérieur, une esplanade privilégiée d'où les enfants de Sido pouvaient « sortir clandestinement » et « clandestinement rentrer ». « Dans ma famille, point d'argent, mais des livres. Point de cadeaux, mais de la tendresse. Point de confort, mais la liberté ». Cette caractéristique, propre au jardin de Saint-Sauveur, d'être un lieu à la fois clos et ouvert, était due à la morale particulière de Sido, teintée de fouriérisme diront certains, mais s'expliquait aussi par sa géographie. La forte déclivité du village établi sur une petite colline force ses jardins à s'étager sur plusieurs niveaux. Ainsi celui de Sido se décompose-t-il en un « jardin-du-haut », rectangle traditionnel avec ses arbres, un gazon et des massifs encadrés d'allées, qui commande un « jardin-du-bas », petit « potager resserré et chaud », véritable jardin de curé où se mêlent fleurs et légumes. Ce double jardin en espaliers, qui possédait pourtant murs, murets, toitons, grille et porte charretière, se défendait bien mal contre les visiteurs : « Ma maison natale perdit, le temps l'aidant, l'habitude d'écarter les intrus. Je ne lui connus qu'une grille bénigne, des portes entrebâillées le jour et la nuit. La porte charretière, tout le village savait comment secouer son gros vantail pour faire tomber, derrière, une lourde barre de fer qui eût dû le verrouiller. Les dernières recommandations, à l'heure du couvre-feu, étaient à rebours du bon sens : "Surtout qu'on ne ferme pas la porte du perron, une des chattes n'est pas rentrée ! La porte du fenil est-elle ouverte, au moins ? Sans quoi le matou viendra encore miauler sous ma fenêtre à trois heures du matin pour que je le fasse entrer !" »

« Par les jours de printemps précoce, aux heures du jour où la terre, dégelée, fume sous le soleil et embaume, certains massifs, certaines plates-bandes ameublies, qui attendent les semis et les repiquages, semblent jonchés de couleuvres : les serpents rayés, ivres d'encens végétal, tordent leurs reins, rampent sur le ventre, fouettent de la queue et râpent délicatement sur le sol leur joue droite, leur joue gauche, pour l'imprégner de l'odeur prometteuse de printemps — ainsi qu'une femme touche, de son doigt mouillé de parfum, ce coin secret, sous l'oreille. »
(*La Maison de Claudine*, 1922.)

« Qui eût décidé, sinon moi, que la prunelle,
la fraise sauvage, la noisette étaient mûres ? »

La campagne en cadeau

« À la première haleine de la forêt, mon cœur se gonfle. Un ancien moi-même se dresse, tressaille d'une triste allégresse, pointe les oreilles, avec des narines ouvertes pour boire le parfum. » (*Les Vrilles de la vigne*, 1908.)
Ci-dessus, groseilles.
Ci-contre, fleurs de ronces.
Pages suivantes, l'étang de Moutiers près de Saint-Sauveur-en-Puisaye, et Colette à vingt ans.

Les leçons de Sido sur les merveilles de la nature, Colette ne les fera véritablement siennes qu'au contact de cette campagne environnante offerte, libre et sans danger : « Ma mère me l'accordait en récompense. J'obtenais qu'elle m'éveillât à trois heures et demie, et je m'en allais, un panier vide à chaque bras, vers des terres maraîchères qui se réfugiaient dans le pli étroit de la rivière, vers les fraises, les cassis et les groseilles barbues. » Suivant en courant les grandes enjambées de ses deux frères armés de leurs filets à papillons, « lancés dans les bois à la poursuite du Grand Sylvain, du Flambé, du Mars farouche » qu'ils alignaient dans de longues boîtes étroites, à fond de liège, Gabrielle glane « la mûre, la merise ou la fleur », bat à leur suite « les taillis et les prés gorgés d'eau en chien indépendant qui ne rend pas de comptes » et, très vite, s'évanouit dans les sentes profondes, disparaît dans les bois et les herbes hautes. Elle n'en revient qu'ivre de fatigue, de gourmandise et de liberté, les bras chargés de fleurs : « Mon bouquet de Puisaye, c'est du jonc grainé, de grands butomes à fleurs roses plantés tout droits dans l'eau sur leur reflet inversé », « des brassées d'œillets sauvages, de bleuets et de sceaux-de-Salomon », des « colchiques mauves, les "veilleuses" des prés » mêlés aux dernières scabieuses, « cette petite primevère maigre, tout en tige, à corolle rudimentaire », les hampes roses des digitales qui bordent ce sentier jaune qui semble mener « hors de la vie »...

À Sido, la souveraineté sur la maison et le jardin, à Gabrielle, les « déserts limités et sans périls » de la campagne environnante, les étangs jonceux et leur senteur de menthe poivrée, les sources des prés marquées du seul rond des narcisses, les poches remplies de fraises sauvages, de champignons, de noisettes et de mûres... Un profond et intime sentiment naît de cette liberté consentie, de ces moments d'abandon, de ces courses éperdues et de ces siestes bercées par les bois bienveillants ou l'odeur dorée des foins neufs : « J'ai dit passions rivales, oui, passions, ne sachant de quel nom nommer l'impérieuse, la sauvage et secrète tendresse qui me liait à la terre et à tout ce qui jaillit de son sein, ni ce jaloux, cet inquiet amour de la solitude... »

De retour de ses escapades, après l'inspection rituelle sous le dôme vert de la suspension de la cuisine, la petite fille retrouve la maison et le jardin

en fin de soirée, à l'heure de l'arrosage : « Je chéris encore cette sixième heure du soir, l'arrosoir vert qui mouillait la robe de satinette bleue, la vigoureuse odeur de l'humus, la lumière déclinante qui s'attachait, rose, à la page blanche d'un livre oublié, aux blanches corolles du tabac blanc, aux taches blanches de la chatte dans une corbeille. » Là, sous les reflets roses du soleil couchant, Sido, comme cette fleur de tabac blanc qui attend le soir pour embaumer le jardin, resplendit de toutes ses vertus provinciales et jardinières : « Ma mère fleurait la cretonne lavée, le fer à repasser chauffé sur la braise de peuplier, la feuille de verveine citronnelle qu'elle roulait dans ses mains ou froissait dans sa poche. Au soir tombant, je croyais qu'elle exhalait la senteur des laitues arrosées, car la fraîche senteur se levait sur ses pas, au bruit perlé de la pluie d'arrosage, dans une gloire de poudre d'eau et de poussière arable. » Alors, selon son habitude, Sido s'assoit devant la terrasse, entre le noyer, le frêne pleureur et les têtes bouffies des hortensias noyés d'eau par les sanglots de la pompe. La petite fille, « assise près de terre sur un petit "banc de pied" meurtrissant », pose sa tête sur les genoux de sa mère, ferme les yeux et se laisse porter par les sons et les odeurs des jardins délicatement bruissants en cette fin de journée. Une « main fine », dont la petite fille chérit « les trois petits durillons qu'elle doit au râteau, au sécateur et au plantoir », lisse ses cheveux. « La robe de toile que je presse de ma joue sent le gros savon, la cire dont on lustre les fers à repasser, et la violette. Si je m'écarte un peu de cette fraîche robe de jardinière, ma tête plonge tout de suite dans une zone de parfum qui nous baigne comme une onde sans plis : le tabac blanc ouvre à la nuit ses tubes étroits de parfum et ses corolles en étoile. Un rayon, en touchant le noyer, l'éveille : il clapote, remué jusqu'aux basses branches par une mince rame de lune. Le vent superpose, à l'odeur du tabac blanc, l'odeur amère et froide de ses petites noix véreuses qui choient sur le gazon. » La petite fille ne bouge pas. Elle devient, elle est le jardin et goûte, un moment encore, la chose la plus magnifique qui pourra lui échoir de toute sa vie : « avoir dix ans, un petit corps élastique et robuste, un cœur tendre et sans soucis », être « une enfant très aimée, ignorée dans sa province, au milieu d'un beau jardin… ».

Ci-contre, pots de géraniums dressés à l'ancienne, en « chapelle », contre un mur. Pages suivantes, portrait de Colette par Ferdinand Humbert, 1889 (à gauche) ; Colette et ses tresses « sifflantes », âgée de quinze ans (à droite).

« J'étais... j'étais... un jardin...
le ciel couleur de pêche rose au couchant..
une voix enfantine, aiguë,
qui répond aux cris des hirondelles...»

Fleurs et fruits de Saint-Sauveur

Ci-dessus, pivoine hybride (avec lupins et delphiniums). À gauche, Colette penchée sur un pavot vers 1900-1902.

Peut-on nommer « jardin de curé » le jardin de Sido, Sido l'athée, Sido l'inaliénable païenne ? Peut-être ne s'en serait-elle pas offusquée, elle qui savait si bien s'arranger avec le curé Millot… Un « jardin de curé » contient en effet à la fois des fleurs, des légumes, des fruits, des herbes médicinales et une source ou un puits. Les plantes y sont mélangées et réparties dans des massifs bordés de buis. Le jardin de Sido n'est pas si éloigné de ce modèle, lui qui mêlait aussi fleurs, fruits, légumes et simples, abondamment arrosés par l'eau généreuse d'une pompe. Quant à la figure tutélaire, c'est Sido elle-même, vénérée par les siens, et bientôt immortalisée par sa fille Colette.

Un jardin de curé

Le matin de Pâques, la petite Gabri trouvait dans les bordures de buis taillé des œufs teints d'un « bleu d'encre » ou d'un « rouge triste et violacé », humble hommage à la tradition. Touffu et propice aux cachettes, donc aux découvertes, tel était le jardin de l'enfance de Colette. De nombreux arbres structuraient et protégeaient ce jardin. Remparts illusoires, ils permettaient cependant de créer une profonde verdure propice à la lecture et aux jeux des enfants. Proche de la maison, côté cuisine, le vieux noyer à « l'ombre intolérante » était encadré par un frêne pleureur et un *Ginkgo biloba*. À l'autre bout, fermant la perspective, les « cimes jumelles des deux sapins », « raides dans leur vêture sombre qui ser[vai]t pour toutes les saisons » et dont le « miaulement mineur » berça le sommeil d'enfant de Colette, voisinaient avec « l'ombre cornue » d'un pin araucaria qui gesticulait « de tous ses bras de singe » et dans lequel grimpait une vigne rouge à l'automne. Près d'eux, le vent froissait « le raide papier du faux bambou » et chantait « en mille ruisseaux d'air divisés par les peignes de l'if » dans lequel une glycine échevelée s'était perdue. Vers le milieu du jardin, quelques arbres fruitiers étaient dispersés sur le gazon : sur le devant, juste derrière un massif bombé qui accueillait les fleurs de saison, le cerisier Montmorency donnait de sombres cerises vernies « à chair transparente, rouge laque » que la petite Gabri piquait d'une épingle et dont « le sang à peine rose tremblait en gouttes rondes » ; derrière lui, une très ancienne variété de poirier, le 'Messire-Jean', « pressé et prodigue », un prunier aux reines-claudes à la « joue d'ambre », des sorbiers « grappés de fruits verts » et près du muret qui bordait la rue des Vignes, abricotiers et pêchers en espaliers étaient défendus par « un rideau de rosiers ».

De nombreux arbustes à feuillage persistant habillaient également de leurs ombres le jardin en hiver : des lauriers-roses en bac devant la terrasse et la tonnelle disloquée, repère favori, les soirs d'été, des sphinx aux « yeux phosphorescents » ; des lauriers-cerises et des aucubas offrant leurs feuillages aux feux de cheminée ; des thuyas réunis en bosquet et un yucca profilant ses « sabres » hostiles.

Ce jardin n'était pas linéaire. C'était un jardin gradué, où l'on montait et l'on descendait, où il était aisé de dominer le paysage, de se fondre dans la verdure ou de se cacher. Cet élan ascendant était soutenu par la profusion des plantes grimpantes : clématites violettes et mauves, chèvrefeuille à fleurs rouges et chèvrefeuille au feuillage panaché qui côtoyaient la glycine centenaire et invincible, surgissant de l'if en jets panachés, qui drapait le mur de la rue des Vignes. « Pour le prestige de notre jardin, fallait-il davantage qu'un chèvrefeuille centenaire et infatigable, que la glycine en cascatelles et le rosier cuisse-de-nymphe ? À eux trois, grimpant, descellant la grille, tordant une gouttière et s'insinuant sous les ardoises d'un toit, ils m'enseignèrent ce que sont la profusion, les adhérents parfums et leur excès de douceur. »

Ci-dessus, clématite.
« Un jardin vert, négligé et envahi de plantes qui se hissent et s'allongent pour trouver le soleil que leur cachent les grands arbres. »
(*Claudine à l'école*, 1900.)

« Je voudrais embrasser un bel arbre
et que le bel arbre me le rendît. »

Le jardin du bas

Ci-dessus, à droite, lis jaunes.
« J'ai tant couru, tant regardé, tant aimé ce matin, que je reste au jardin tout l'après-midi. Le potager, encore non visité, me régale d'abricots chauds, de pêches âpres, que je déguste, à plat ventre, sous le grand sapin, un vieux Balzac étalé entre mes coudes. »
(*Claudine en ménage*, 1902.)

Dans le jardin du bas, le potager, petit quadrilatère cerné de murs chauds, était une curiosité. Haut en couleurs, en saveurs et en odeurs, il mêlait, pour satisfaire les goûts provençaux de Jules Colette, tomates, aubergines et piments, peu communs en Puisaye à cette époque, ainsi que quelques melons avidement convoités par les chats. Carottes, oignons, ail et poireaux, asperges et laitues voisinaient avec des balsamines, des pyrèthres rouges, l'héliotrope et surtout avec le majestueux lis blanc de la Madone. Oseille en bordure, estragon, menthe « toute jeune », sauge « duvetée comme une oreille de lièvre », verveine-citronnelle, camomille, capucines dans les feuilles desquelles Gabri buvait la pluie qui y roulait « en vif-argent », débordaient eux aussi « d'un suc énergique et poivré ». Quelques fruits, autres que les cerises, abricots, poires et pêches distants de quelques marches, complétaient le tableau : baies noires du cassis dont Sido faisait une liqueur, fraises au nom d'autrefois, groseilles « qu'on prévoit atroces et qui sont toujours pires !... » et que la petite Gabri écrasait « d'une dent craintive ».

Le jardin du haut

Mais si les fruits séduisaient les enfants, les fleurs étaient la parure souveraine de ce jardin. Le printemps le réveillait avec les premières tiges aqueuses des jacinthes, des perce-neige, des crocus mauves et des narcisses trompettes, aussi appelés « jeannettes », qui, assemblés en bouquets ovales, étaient jaunes « comme le meilleur de l'œuf ». Les violettes doubles rouges, les tendres myosotis « couleur d'eau bleue » que le « paganisme ingénu » de la petite Colette cachait entre les pages des livres, la giroflée marron, « colorée, rustaude et vêtue d'un velours solide, comme une terrassière », escortaient les tulipes flammées. Les pensées à macules les suivaient dans le massif : « grandes belles sottes mi-jaunes, mi-mauves », « faces blanches à moustaches grenat », « papillons-pensées citron », « petites cornutas rivales des violettes », et surtout « les préférées de Sido, pléthoriques comme Henri VIII, la barbe au menton, qui vous dévisageaient toutes à la fois ». Sido céda aussi à la mode de son temps en leur adjoignant la fameuse pensée noire dite 'Faust', qui faisait l'envie de ses amis et poursuivait sa floraison tout l'été.
Au mois de mai, les lilas varins imprégnaient le jardin de leur parfum « souverain ». Muguet, arums, iris noir, iris bleu, iris violet, iris blanc, lupins bleus, pivoines roses et glycines les accompagnaient. Juin voyait le triomphe des roses, roses-mousse, roses sanguines ou safranées qui veillaient sur les arbres fruitiers, et de l'infatigable rosier 'Cuisse de Nymphe', « manteau murmurant d'abeilles ».

Page de droite, giroflées ravenelles et leurs coloris chatoyants.
Ci-dessous, primevères printanières que Colette appelait « pâquettes » et dont elle faisait, « àchevalées » sur une ficelle, des balles rondes, « frais projectiles qui frappaient la joue comme un rude baiser mouillé ».

Page de gauche, la pensée bleue à macule, parure printanière du jardin de Sido, et ci-contre, dahlias.
« Je retournais dans le jardin doré, bourdonnant, écœurant de glycines et de chèvrefeuilles, bois enchanté qui balançait des poires vertes, des cerises roses et blanches, des abricots de peluche et des groseilles à maquereau barbues. »
(*La Retraite sentimentale*, 1907.)

L'été trouvait le jardin à son apothéose, noir de verdure, mamelonné de rouge et de rose, de bleu et de violet, illuminé d'orange et de blanc : hortensias aux têtes roses, géraniums écarlates doubles sur la terrasse, pélargonium rose et pourpre et frêle géranium vivace « herbe-à-Robert », roses trémières — appelées de leur ancien nom, « bâtons de Saint-Jacques » —, pavots, Croix-de-Malte rouges et bégonias, dahlias et glaïeuls ; pois de senteur, phlox que le soleil violaçait, ancolies doubles vieux rose, reines-des-prés, rosiers nains, penstémon et salpiglossis ; lobélias, nigelles, aconits « d'azur », campanules, agératum « toute laine », bleuets au « poudreux parfum », coiffés de « vingt cornes de diable » ; marguerites, immortelles, tabac blanc « qui attendait la nuit pour délier ses senteurs » ; soucis « ronds et vermeils comme des mandarines », coqueret alkékenge, capucines et œillets d'Inde « en velours marron et jaune comme des frelons, ruchés au petit fer, serrés dans leur calice qui éclate ». Et sur le « reposoir » en bois, les curieuses cactées, la ficoïde glaciale, l'hibiscus et le béant gloxinia, source de « quelques rivalités »...
À l'automne, le jardin mêlait son odeur amère de terre fraîche à celle des « feuilles de noyer, de chrysanthèmes et de fumée ». Mais il prodiguait aussi « les floraisons les plus brûlantes » : la sauge « ardait », les dahlias se faisaient « plus noirs que la rose noire », les arbres et la vigne se paraient d'écarlate, les asters violets tentaient de calmer l'ardeur des chrysanthèmes « rouge rouillé », « à la chevelure romantique »...
L'hiver et son manteau de neige venait bientôt recouvrir le jardin d'une ombre bleutée qui donnerait naissance en décembre aux « boutons fermés en forme d'œuf » de la rose de Noël, présage de nouvelles éclosions et du futur printemps...

Premières fleurs

JEANNETTE ET AUTRES NARCISSES

NARCISSUS DIVERS

Grâce aux ronds que traçaient les jeannettes, la petite Colette savait immanquablement repérer l'emplacement des sources dans les prés. Car la jeannette est « une grande buveuse ». « Elle a toujours soif » et « à l'aide de son tube vert, tendre et croquant, elle boit comme une paille ». Son cousin, le narcisse, « s'empreint d'une pâleur crémeuse, borde d'un petit gansé rouge sa collerette gaufrée qui repose sur une berthe de pétales ». Sa cousine, la grande jeannette, appelée aussi « narcisse-trompette », abrite au fond de sa trompe, profonde comme un « olifant », un « innocent parfum que la pluie efface, que le froid défait, que le soleil de mars réveille ».

Les dictionnaires sont formels : la jeannette, c'est le narcisse des poètes, *Narcissus poeticus*. Pas pour Colette ! Dans sa Puisaye, c'est le narcisse des prés, *N. pseudonarcissus*, ailleurs appelé coucou ou jonquille. Petit bulbe à fleur jaune vif, c'est une miniature du grand narcisse trompette des jardins, celui que Colette, en bonne logique, baptise « grande jeannette ». Quant à la fleur qu'elle nomme « son cousin le narcisse », c'est lui le narcisse des poètes, le très odorant *poeticus*, la jeannette des dictionnaires ! Simple affaire de noms ? Pour le jardinier, la distinction est cruciale. Car ces différents narcisses n'ont ni les mêmes exigences, ni la même époque de floraison.

Le premier en fleur, dès mars, est le petit pseudonarcisse. Natif des prés humides d'Europe, il affectionne les sols compacts, riches en humus et ne desséchant jamais en été, au soleil ou à l'ombre légère. Si le site lui plaît, il s'y établit en colonies, sans hâte. Son cousin grand format, le narcisse trompette hybride, épanoui peu après, est plus accommodant : il lui suffit d'une bonne terre franche, au soleil ou à la mi-ombre. Il y restera en place des années en étoffant sa touffe, pour peu qu'on ne retire son feuillage — languissant sur le tard — qu'après jaunissement complet. L'opération ne pouvant se faire avant la fin mai, le mieux est de camoufler cette misère derrière quelque vivace en pleine croissance, judicieusement placée.

Dernier à fleurir, en mai, le narcisse des poètes au parfum prenant n'est pas commode à satisfaire et moins encore à conserver. Hôte des prés détrempés du sud de l'Europe, il réclame chaleur et soleil, un sol argileux, très humide, et une profondeur de plantation de 20 à 25 cm. Son cultivar 'Actea', plus grand et plus robuste, est un peu moins exigeant. À défaut de pré inondé, il se satisfera d'arrosages copieux.

VIOLETTE

VIOLA ODORATA

« Violettes à courte tige, violettes blanches et violettes bleues, et violettes d'un blanc-bleu veiné de nacre mauve », « violettes de février, fleuries sous la neige, déchiquetées, roussies de gel, laideronnes, pauvresses parfumées », violettes inodores et décolorées de fin de saison, appelées « violettes-de-chien », premières violettes des bois nouées d'un fil de laine rouge, échangées à l'école contre un jouet ou une image, violettes arborescentes « d'un bleu presque noir, dont le tronc s'élèv[e] nu hors de terre comme celui d'un palmier minuscule », échangées contre quelques livres : en respirant leur « parfum invariable », Colette respire « le philtre qui abolit les années » et ressuscite tous « les printemps de [son] enfance »…

Qui dit violette sans plus de précision dit violette odorante. Spontanée dans le sud de l'Europe, partout ailleurs elle est souvent échappée des jardins. Cultivée dans la Grèce antique pour ses vertus médicinales, et par champs entiers autour de Paris à la Belle Époque, l'espèce type a toujours du charme, mais les variétés tentatrices abondent, telles 'Amiral Avellan', rouge violacé, très parfumée ; 'The Czar', violet intense, à longue tige ; 'Baronne Alice de Rothschild', bleue, précoce, également à longue tige ; 'Reine des Blanches', semi-double, blanc pur ; ou 'Purple King', très double, noir irisé de pourpre, pour n'en citer que quelques-unes — toutes généreusement odorantes. La « violette arborescente » évoquée par Colette n'était, quant à elle, pas une variété, mais une prouesse d'horticulteur, qui consistait à cultiver « sur tige » une violette à fleur sombre.

PENSÉE NOIRE

VIOLA À FLEURS NOIRES

Dans la seconde moitié du XIXe *siècle, la mode était aux fleurs noires. La pensée dite 'Faust' doit son nom à l'opéra de Gounod (1859) qui lui est contemporain. « Son nom lui valut, au temps de sa nouveauté, autant de succès que sa bizarrerie », se rappelle Colette. Sido, toujours en quête de curiosités, lui fit place dans son massif bombé parmi ses autres pensées colorées. « Quand le soleil la touche, il l'imprègne d'une poussière de constellations, et révèle qu'à la base de tant de noir règne un principe bleu, non, violet, non, bleu, dont la matière nous provoque à l'admiration : "Oh ! ce velours !..." »*

Disparue des catalogues, la pensée 'Faust' y a laissé place à sa descendante, 'Black Pansy' (*Viola* x *wittrockiana* 'Black Pansy'), d'un violet ombré de brun presque noir. Mais d'autres *Viola* offrent aussi des fleurs « noires », telles 'Bowles' Black' ou 'Molly Sanderson'. Proche de la pensée sauvage (*V. tricolor*), 'Bowles' Black' en a le port rampant, un peu échevelé, et les fleurs plus menues que celles d'une pensée horticole. Vivace, quoique souvent cultivée en bisannuelle, 'Bowles' Black' préfère la mi-ombre et fleurit de mai à septembre. Elle se ressème à foison, assez fidèlement si elle est la seule *Viola* du voisinage, de façon plus fantaisiste si elle a trouvé galante compagnie. Quant à 'Molly Sanderson', sans doute issue du lit d'une pensée et d'une *V. tricolor*, c'est une authentique vivace qui se forme en coussinet de quinze centimètres de haut sur quarante de large, constellé de fleurs de belle taille. Elle aussi se ressème volontiers. Toutes ces *Viola* noires s'éclairent d'un petit œil jaune.

Les pensées noires gagnent à être vues de près, en vasque ou en balconnière, par exemple en compagnie de tulipes citron. Pour un pur enchantement de mai à juillet, associer 'Bowles' Black' ou 'Molly Sanderson' à des vivaces naines — *Geranium sanguineum* 'Jubilee Pink' ou 'Compactum' dans les tons roses, ou *Phlox* 'Paul Maslin' à fleur citron clair et œil chocolat.

GIROFLÉE RAVENELLE

ERYSIMUM CHEIRI

« Je ne me souviens guère si, la première fois que je le vis, celui que j'aimai portait un manteau couleur du temps, — et j'ai oublié les paroles qu'il prononça ce jour-là. Mais demandez-moi de vous dire la forme et la couleur d'une seule feuille de ces giroflées marron, que la gelée et la neige confisaient, chaque hiver, dans le jardin, et qui ressemblaient, cuites de froid sur la terre blanche, à de pauvres salades ébouillantées... »
(Paysages et Portraits, 1958.)

Elle monte au créneau, s'agrippe aux abrupts, donne un petit air de fête aux ruines ou colore sagement les plates-bandes. C'est la giroflée des murailles, la ravenelle, avec sa fleur de velours aux couleurs de tapis persan. Et si sa floraison se fait parfois grêle, surtout lorsqu'elle se sustente du maigre mortier d'un mur, toujours elle se rattrape par son parfum onctueux, mi-ananas, mi-noix de coco, avec une pointe de poivre.

On la cultive en bisannuelle, mais c'est un sous-arbrisseau à vie brève, capable de faire bonne figure deux ou trois ans d'affilée si l'on retire ses fleurs fanées afin de l'empêcher de former ses gousses. Pour obtenir des ravenelles de belle stature (à hauteur de genou), dans ces tons de rouille et de brun qu'affectionnait Colette, choisir le paquet de graines le plus ordinaire possible.

Rose de Noël

Helleborus niger

« Il vous paraîtra étrange que mes Noël d'enfant – là-bas on dit "nouël" – aient été privés du sapin frais coupé, de ses fruits de sucre, de ses petites flammes. Mais ne m'en plaignez pas trop, notre nuit du vingt-quatre était quand même une nuit de célébration, à notre silencieuse manière. Il était bien rare que Sido n'eût pas trouvé dans le jardin, vivaces épanouies sous la neige, les fleurs de l'ellébore que nous appelons rose de Noël. En bouquet au centre de la table, leurs boutons clos, ovales, violentés par la chaleur du beau feu, s'ouvraient avec une saccade mécanique qui étonnait les chats et que je guettais comme eux.»
(De ma fenêtre, 1942.)

Rose de Noël, ellébore noir. Entre candeur et maléfice. Aujourd'hui nous ne voyons en elle qu'innocence, corolle de nacre au plus noir de l'hiver. Mais c'est pour conjurer le mauvais sort qu'on la plantait jadis au seuil de la demeure. Elle contrait les sorcières, combattait la folie. Et l'on savait aussi ses dons d'empoisonneuse. Comme bien des Renonculacées, elle contient des principes qui n'ont rien d'anodin. Difficile de fournir un purgatif drastique sans être aussi quelque peu toxique…
Mais foin de l'équivoque ellébore. Plantons la rose de Noël, l'intrépide hellébore (avec ou sans *h* mais au féminin) qui fleurit en effet, parfois, à Noël — quoique parfois aussi dès novembre ou seulement en février. Pour ne pas être déçu, mieux vaut se la procurer en fleur : chez les sujets de semis, le blanc est parfois douteux. On peut aussi opter pour une variété fixée, comme 'Madame Fourcade', basse, à feuillage clair et grande corolle blanc pur ; 'Potter's Wheel', à l'immense fleur de neige, toute ronde, à cœur vert ; 'De Graff's Variety', que l'âge teinte de jaune paille ; 'Louis Cobbett', suffusée de rose vif — et d'autres encore, retouchées de vert, de pourpre, de lilas. À moins de préférer la rose de Noël dans sa naïveté et de se tourner vers sa sœur, *H. orientalis*, pour les jeux de couleurs, ombres, veinures, taches de rousseur.

Joli mois de mai

Lilas

Syringa vulgaris

Colette distingue le lilas « avant sa fleur » qui sent « discrètement le scarabée » — c'est une « exhalaison fugace, un peu agréable, un peu répugnante, d'élytre métallique » — puis le lilas épanoui, « écumant », qui installe son « toxique arôme d'acide prussique ». Dans le jardin de Sido, des lilas varins « dont la fleur compacte, bleue dans l'ombre, pourpre au soleil, pourrissait tôt, étouffée par sa propre exubérance » exhalaient un parfum « mortuaire et souverain » à propos duquel Sido s'interrogeait également : « Je n'arrive jamais à décider s'il sent un peu bon ou beaucoup mauvais… »

Le lilas de Saint-Sauveur était-il un vieux sujet sans nom, franc de pied ? Était-ce un brave 'Charles X', premier cultivar jamais enregistré (en 1831) ? Ou était-ce un lilas dernier cri, l'un des premiers hybrides introduits par Victor Lemoine à partir de 1876 ?
Au temps de Sido, en ville ou à la campagne, le plus petit lopin avait sa touffe réglementaire. On avait oublié que, loin d'être spontané malgré son nom de lilas d'Europe, il n'était venu de Turquie qu'à la fin de la Renaissance. Il n'avait guère changé depuis, hormis quelques mutations de coloris.
Mais à l'orée du XXᵉ siècle, justement, le lilas changeait. Fort de nouveaux hybrides fastueux, ployant sous d'énormes grappes parfumées, il entrait dans une ère de gloire qui allait tenir bon jusque dans les années 1950. Durant cet âge d'or, c'est plus de 240 nouveautés que

lancèrent les Lemoine de Nancy, père, fils et petit-fils. Et puis, vers 1960-1970, le lilas d'Europe est entré en purgatoire. On l'a délaissé pour ses cousins d'Amérique ou d'Asie, plus déliés, plus sveltes, de taille plus modeste aussi et qui parfois refleurissent en été. Mais aujourd'hui, sans nier la grâce de ces derniers, on redécouvre le bon vieux lilas, tout « commun » soit-il — inégalé, inégalable pour sa prodigalité, sa fraîcheur, la franchise de son parfum et son côté vieux jardin, enfance retrouvée.

Trop de variétés seraient à nommer, mais 'Souvenir de Louis Späth', à grande fleur d'un riche bordeaux pourpré, reste l'une des meilleures, ainsi que 'Katherine Havemeyer', double, bleu lavé de pourpre. Et comment passer sous silence 'Marie Lemoine', à fleur de lait, très double, en hommage à celle dont les doigts de brodeuse réalisèrent, pour son mari, la tâche infiniment délicate des toutes premières pollinisations ?

PIVOINE

PAEONIA

« Par le truchement d'une fétidité délicate, elle a le privilège de nous mettre en rapport avec le véritable printemps », nous explique Colette. La pivoine « perce la terre d'une raide branche de corail vif » qui emporte avec elle une « suprême croûte de terre comme un toit crevé ». Dans un vase, elle abandonne son « brasier de pétales », « avec un soupir de fleur qui imite le brusque trépas de la rose ». Mais si, dans « ses fastueuses corolles », d'un « rose sentimental », « demeure en effet quelque chose de la rose », la pivoine ne peut rivaliser avec son capiteux parfum, car « la pivoine sent la pivoine, c'est-à-dire le hanneton »...

Jamais la pivoine d'antan, *Paeonia officinalis*, seule pivoine herbacée d'Europe jusque dans les années 1800, ne s'est prétendue odorante. L'idée qu'une pivoine pouvait, *devait* être parfumée est née avec l'apparition, au premier Empire, des hybrides de *lactiflora* venus de Chine. *P. lactiflora* elle-même, à fleur simple, blanche ou rosée, est résolument odorante. Mais, sur sa copieuse progéniture, née de la passion des hybrideurs, nombre de ses filles — ravissantes — ne savent plus se parfumer. Cela dit, bien d'autres rachètent sur ce point la réputation de la tribu, telles 'President Roosevelt', rose foncé, simple, ou 'Philippe Rivoire', rouge violacé, double, toutes deux hybrides de *lactiflora* ; ou encore, chez les arbustives, *P.* x *lemoinei* 'Souvenir de Maxime Cornu', jaune suffusé de carmin, très double.

La seule faiblesse des pivoines est d'exiger un peu de patience. Leur souche charnue est lente à s'installer. Durant deux ou trois ans après sa mise en place, la plante fait grise mine ; même les premières fleurs sont ratées. Une fois établie, en revanche, la pivoine est une plante solide. D'ailleurs les hybrides de *lactiflora* sont, avec les hémérocalles, parmi les rares vivaces à prospérer dans les jardins à l'abandon. Et un pied cinquantenaire est dans la fleur de l'âge, surtout s'il festoie chaque printemps de compost bien décomposé.

IRIS DES JARDINS

IRIS GERMANICA

Dans son jardin, Sido avait des iris bleus, des iris violets mais aussi des blancs et des noirs. « L'iris dort, roulé en cornet sous une triple soie verdâtre », rien n'arrête « son ascension de taupe », ni ses « glaives » ou sa « torche ». Colette préférait l'iris qu'elle appelait « l'orchidée du pauvre » aux autres fleurs japonaises. Peut-être était-ce en souvenir d'un tartan rouge dans lequel elle dormait enroulée et qui sentait « l'iris et maman »...

Des iris, il en est mille — bulbeux, rhizomateux, nains, moyens, géants, iris pour la rocaille, les plates-bandes, le bord de l'eau... Mais celui qui fascine Colette, c'est l'iris dit « des jardins », le grand *Iris germanica*.

Germanica, il ne l'est qu'en souvenir d'un moine allemand épris de lui au XVIe siècle. Sans doute méditerranéen, il était alors de culture si ancienne, déjà, et tant de fois hybridé que nous ne savons rien de son ascendance. Dès le Moyen Âge, sa forme dite de Florence (*I. g.* var. *florentina*) offrait aux apothicaires son rhizome odorant pour l'extraction d'essence d'iris, toujours appréciée aujourd'hui.

L'iris est arc-en-ciel, son nom le dit bien. Sa palette est

la plus riche de tout l'univers floral. Mais Iris était déesse, et lui est mâle et martial. Même son bouton à fleur a quelque chose du glaive. Colette observe pour nous son éclosion à la hussarde, toute de mâle impatience. Mieux, elle l'entend éclore !
Éclosion vive, floraison brève. Une demi-lunaison en mai-juin et la fête est achevée. Unique recours du jardinier pour la prolonger un peu : mêler variétés hâtives et tardives. À moins qu'on ne préfère un grand feu d'artifice ?

Ancolie

Aquilegia vulgaris

« Porter un message de fleurs : ainsi ma mère m'avertissait que j'étais, pendant une heure, un jour, particulièrement jolie, et qu'elle s'enorgueillissait de moi. [...]
"Maintenant va ! Donne les ancolies doubles à Adrienne Saint-Aubin.
Le reste à qui tu voudras, dans notre voisinage. Sur l'Est, il y a quelqu'un de malade, la mère Adolphe" [...]
Elle lâchait ma rêne de cheveux, s'éloignait de moi pour me mieux voir :
"Va leur montrer ce que je sais faire !" »
(Sido, 1929.)

Les modes vont et viennent, y compris chez les ancolies. Depuis des lustres, chez ces dames, le dernier chic était d'arborer une fleur stylisée, aux longs éperons en abdomen de libellule. Or voici que réapparaissent, après une éclipse prolongée, les petites bonnes femmes de naguère, les ancolies sans façon, aux éperons peu marqués. On les retrouve même en formes doubles, les « bonnets de Grand-Mère » des jardins de cottage anglais, avec leurs têtes rondes en coiffes tuyautées, mélange multicolore de bleus, de roses et de blancs.
On ne sait trop d'où l'ancolie tient son nom — qu'un botaniste ait vu un aigle dans sa fleur *(aquila)* ou voulu souligner que sa feuille ciselée retient la rosée *(aqua)*. On ne sait pas non plus quel jeu d'assonance l'a fait rimer si bien avec *mélancolie* que le langage des fleurs la veut chagrine. La plus ancienne dans nos jardins est bien sûr *A. vulgaris*, venue des bois voisins. Mais il en est quantité d'autres, plus exotiques, qui toutes allient, comme elle, fraîcheur et délicatesse.
L'ancolie est vivace, mais son espérance de vie ne dépasse guère quatre printemps. Pour compenser, elle se ressème spontanément — avec la discrétion qui est la sienne.

Fleurs de la Saint-Jean

Arum d'Éthiopie

ZANTEDESCHIA AETHIOPICA

Colette s'interroge : l'arum est-il une fleur ? « C'est une fleur — si on veut. Mais justement je ne veux pas. Où voyez-vous que l'arum est une fleur ? Point de pétales. Point de sépales. Le vert de la tige s'évase sans suture ni raccord, se développe en cornet et blanchit. […] Mais vous aimez l'arum, son minimum de recherche, sa roideur, "quelle belle simplicité, quelle force", dites-vous… Suis-je ici pour vous chercher querelle, ou à l'arum ? » Néanmoins, elle salue au printemps les arums blancs « en chevreau bien épais, solide à l'usage », « plus grands que les anciens cornets de dragées » et perçoit leur grincement lorsqu'ils déroulent leur cornet.

S'il est fleur, il le cache bien, avec cette grande bractée de cire blanche, élégamment retournée en col de chemisier : la vraie fleur est le spadice au centre, jaune pur, flamme de photophore. On l'appelle arum d'Éthiopie, mais c'est d'Afrique du Sud qu'il vient, et ce n'est pas un arum, tout juste une aracée. Et si sa floraison sophistiquée déroute, comme déroute l'absence de parfum, c'est pourtant, depuis plus de deux siècles, un familier des jardins paysans — sans parler des jardins de curé : quelle meilleure fleur pour orner l'autel à la Fête-Dieu ?

Plante des fossés dans sa contrée natale, où il dépasse deux mètres de haut, l'arum blanc se plaît en site humide ; il s'est d'ailleurs naturalisé au bord de quantité de cours d'eau du globe. Dans les régions de climat doux (comme le Midi et toute la façade ouest de la France), il prospère en pleine terre, culmine à un mètre et se rit des hivers une fois établi, même s'il vaut mieux, les premières années, le protéger d'une litière de feuilles. On peut aussi le cultiver en pot, ce qui permet de le rentrer l'hiver. La variété 'Crowborough', à grande fleur majestueuse, résiste un peu mieux au froid que l'espèce (jusqu'à –10 °C contre –8 °C) ; 'Little Gem', de format réduit (50 cm à peine), fleurit durant des semaines.

Lis de la Madone

Lilium candidum

Le potager est la vraie « terre d'élection » du majestueux lis blanc de la Madone. « Dans l'enclos de mon enfance, son éclat et son parfum étaient les maîtres du jardin. Pendant que je chassais les kikis rouges, Sido ma mère, assise dans la maison, me criait : "Ferme un peu la porte du jardin, ces lys rendent le salon inhabitable !" »
(Pour un herbier, 1948.)

Pour beaucoup, c'est *le* lis, symbole de pureté, de noblesse : lis blanc, lis de Saint Antoine, rose de Junon… Natif du Proche-Orient et des rives de la Méditerranée, il avait déjà droit aux honneurs dans l'Égypte des pharaons et la Crète minoenne, pour sa grâce hiératique comme pour ses vertus vulnéraires. Naguère omniprésent dans les jardins ruraux, il était, en juin-juillet, de toutes les fêtes, premières communions et mariages. Nos grands-mères ne semblaient pas lui prodiguer de soins particuliers, elles coupaient ses fleurs par brassées, et la touffe refleurissait, chaque année plus somptueuse.

D'où vient alors que nous ayons tant de déboires avec une plante apparemment aussi bon enfant ?
Pour l'amadouer, le planter très tôt, avant mi-septembre, dans une terre sans acidité, et le nez au ras du sol. Moyennant quoi, c'est le plus conciliant de tous les lis.

Pavot annuel

Papaver rhoeas et P. somniferum

Le grand pavot écarlate a une tige « poilue comme un marcassin » et il « est secrètement meurtri, au fond de sa corolle, d'une tache bleue de sombre ecchymose ». Dans son enfance, la petite Gabri mâchait « à poignées » ses graines d'un « goût agréable d'amande opiacée » et « on [lui] promettait le fouet ». La « tête légère » du pavot, « sonnante comme un grelot » qui « saupoudre d'un poivre fin la terre bien criblée », est un hochet tentateur. « Pourquoi ne copions-nous pas ce parfait modèle de salière, de poivrière, de sucrier pour les fraises ? », propose malicieusement l'auteur de Claudine à l'école.

Le grand pavot rouge des jardins est-il bien celui dont on fume le suc, « sur une pipe orientale », derrière des portes closes ? La question mérite enquête.
Parmi les grands pavots annuels, certains dérivent du coquelicot familier, *Papaver rhoeas*, le *coquerico* médiéval qui a toujours prêté ses pétales à diverses potions antitussives et vaguement sédatives — sans parler de bonbons d'un rouge démonstratif. Moins graciles que leur aïeul, souvent doubles, tout aussi fripés, ils ont conservé son charme un peu ébouriffé. Et si certaines lignées récentes, telle 'Angels Choir', explorent les pastels en camaïeux doux, la plupart s'en tiennent à la palette crête-de-coq, du rubis au blanc pur en passant par tous les tons de rouge et de rose, souvent avec une macule noire.
Mais d'autres grands pavots annuels, eux aussi marqués de noir, préfèrent taire leur nom latin. Simples ou doubles (« à fleur de pivoine »), en rose, crème, rouge ou presque noir et à feuillage teinté de bleu, ce sont les enfants de *P. somniferum*, le pavot à opium venu du Levant, de la Grèce à la Chine — celui qui a valu à l'humanité à la fois tant de bien et de mal.
Il faut ici disculper la graine : elle ne contient pas trace d'alcaloïdes. D'ailleurs, en Europe centrale, on en saupoudre pains et friandises. On en tire l'huile d'œillette, parfaitement comestible bien qu'utilisée surtout dans la fabrication de vernis. Et l'amateur de bouquets secs aurait tort de se priver de ces pavots à capsules drolatiques, 'Le Géant', 'Pepper Box', 'Poules et poussins' : nul n'ira s'intoxiquer en dégustant leur contenu. Quant au latex qui fournit l'opium, il est prélevé sur une sous-espèce à la sève nettement plus épaisse…

Rosier 'Cuisse de Nymphe'

« D'où vient cette haleine miellée, qui fleure l'essence d'Orient et le gâteau à la rose ?…. C'est le grand rosier cuisse-de-nymphe qui m'encense… Pour lui, je me dresse sur mes pieds travaillés de fourmis, je vais à sa rencontre.
…Tant de roses, tant de roses ! je voudrais lui dire : "Repose-toi. Tu as assez fleuri, assez travaillé, assez épuisé ta force et tes parfums…" Il ne m'écouterait pas. Il veut battre le record de la rose, en nombre et en odeur. Il a du fond, de la vitesse, il donne tout ce qu'il peut. Ses filles innombrables sont des roses jolies et petites, comme celles des images de piété, à peine teintées au bord des pétales avec un petit cœur de carmin vif. Une à une, elles pourraient sembler un peu bébêtes, — mais qui songerait à critiquer le manteau murmurant d'abeilles qu'elles ont jeté sur ce mur ? »
(Claudine en ménage, 1902.)

Il nous vient du temps de Henri IV, introduit de Crimée, dit-on, vers 1590. Le XVIIe siècle le voit s'établir des deux côtés de la Manche — 'Great Maiden's Blush' pour les Anglais, et pour les Français 'Cuisse de Nymphe', 'La Royale', ou encore 'Incarnata', 'La Virginale', 'La Séduisante'… Pour Redouté, qui a peint sa fleur au début du XIXe siècle, il était *Rosa alba regalis*, le rosier blanc royal.
Peu importe, c'est toujours lui, robuste buisson d'un bon mètre soixante de haut comme de large, ramifié, souplement arqué, raisonnablement épineux, avec un beau feuillage mat, gris-vert, denté. Le bouton replet s'ouvre sur une fleur plate en chiffonnade de pétales (jusqu'à cent, pour faire bonne mesure) avec un petit nœud bouffi au centre. Rose abricoté à l'éclosion, la fleur pâlit au crème rosé à l'épanouissement, sauf au cœur, qui reste plus vif. La senteur est douce et sucrée, avec la note acidulée qu'on attend d'une rose rose. Le rosier ne fleurit qu'une fois l'an, fin juin, début juillet, mais croule alors sous les fleurs.

Colette par Reutlinger vers 1900.
À droite, une rose aux couleurs tendres.

Plein été

Tabac blanc
Nicotiana alata

Sido calculait l'heure du coucher du soleil à la densité de sa fragrance car la fleur du tabac blanc, assoupie tout le jour, ne s'éveille qu'avec le soir. Alors « on ne respire plus qu'elle ; elle humilie les roses… »

Dans la journée, le tabac blanc est une grande plante dégingandée aux airs un peu alanguis. Mais à la tombée du jour, tel un fêtard invétéré, il reprend goût à la vie. Ses fleurs de phlox d'un blanc laiteux s'évasent au bout de leur fume-cigare et exhalent dans l'air de la nuit leur haleine indicible, à la fois douce et entêtante, étrangement persuasive. Le sortilège opérera jusqu'aux petites heures de l'aube. Au matin, la plante est inodore. Toujours largement épanouie, elle affiche l'innocence des fleurs sages qui ont dormi toute la nuit. Ses corolles se replient à midi.
Sud-américain, le tabac blanc est une vivace gélive, le plus souvent cultivée en annuelle. Pourtant, lorsque l'hiver est doux, sans long coup de froid au-dessous de -5 °C, il n'est pas rare qu'il reparte au printemps depuis ses racines jaunes et charnues. En pareil cas, il sera plus fort que ses semblables semés en mars, et fleurira quinze jours plus tôt.
Si l'on souhaite une plante de belle taille (1,50 m), choisir la variété 'Grandiflora', aux larges fleurs lumineuses. On peut opter aussi pour un autre tabac blanc, *N. sylvestris*, plus imposant encore par son port. Ses fleurs effilées, pendantes, lui font un tracé rythmique et sa fragrance est peut-être plus riche encore.

Balsamine rose
Impatiens balfourii

Qui connaît encore les modestes balsamines roses qui proliféraient dans les jardins de curé ? Colette se rappelle surtout, quand elle se fait couper les cheveux à Paris, leur « graine convulsive » qui vrille ses cosses mûres à la plus légère pression des doigts. « J'ai un gros chagrin rageur à mirer dans deux glaces cette nuque blanche et amincie sous les petits cheveux raides et qui ne se décident que lentement à spiraler, comme les cosses des graines de balsamines qui, après avoir lâché leur semence, se roulent petit à petit en colimaçon, et sèchent là. » (Claudine à Paris, 1901.)

On la trouve encore dans les vieux jardins, souvent au pied d'un mur à l'ombre. Elle s'y ressème chaque année, parfois depuis des générations. On l'appelait balsamine, mais elle n'en est qu'une humble cousine, *Impatiens balfourii* de son véritable état civil. La vraie balsamine des jardins, *I. balsamina*, plus colorée, plus ambitieuse — ne se dit-elle pas parfois « à fleur de camélia » ? — est de constitution délicate et demande un semis au chaud, puis des semaines d'attention avant d'affronter nos climats. Tandis que la petite balsamine rose, venue de l'Himalaya où l'hiver n'est point tendre, supporte l'adversité sans rien demander

à personne. Même lorsque, à l'étourdie, elle s'est semée au soleil, elle frôlera la pâmoison aux heures brûlantes, puis retrouvera sa vaillance sitôt l'ombre de retour, sans le secours de l'arrosoir.
Certes, sa fleurette blanc et rose n'a rien pour éblouir les voisins et ce rose lilacé ne s'accorde pas avec tout. Mais on ne lui en tient pas rigueur parce qu'elle reste discrète, que sa progéniture en excès se laisse arracher sans résistance — et peut-être aussi, pourquoi le nier, parce qu'il n'y a pas d'âge pour tester du doigt, quand nul ne regarde, ses gousses mûrissantes, dans l'espoir qu'elles vont jouer les catapultes.

Coqueret

Physalis alkekengi

Colette « professe [pour lui] une admiration particulière » mais son nom et sa fleur « couleur de poumon de bœuf, fibrillée de sang » l'étonnent toujours.

Sans-gêne et pourtant discret, il colonise les recoins secs, ensoleillés, en sol plutôt calcaire. Ses petites fleurs de pomme de terre, blanches, insignifiantes, laissent place en fin d'été à des lampions orange dont chacun emprisonne une baie vermillon, le fameux amour-en-cage. L'enchantement vient en octobre, sur fond de feuillage jaune d'or, puis redouble quand les lanternes se font guirlandes sur les tiges nues. Mais le plus magique est peut-être, vers Noël, le lampion devenu filigrane tenant toujours la baie captive.
Membre de l'étrange famille des Solanacées — tomate, poivron, tabac et compagnie —, le genre *Physalis* est cosmopolite. L'alkékenge *(P. alkekengi)* en est le représentant eurasien, spontané de la Turquie au Japon, évadé des jardins partout ailleurs. Sa pléthore de surnoms — alkékenge, amour-en-cage, coqueret, cerise d'hiver, lanterne chinoise, mirabelle de Corse et autres — atteste sa longue association avec l'homme. Ses baies comestibles sont mentionnées comme diurétiques par le médecin grec Dioscoride au premier siècle de notre ère. En cuisine, il remplace avec talent, dans presque tous ses rôles, la groseille à maquereau. On en faisait naguère des confitures. Aujourd'hui, il est surtout utilisé en bouquets secs : cueillir les tiges garnies de lampions dès que ceux-ci prennent couleur, et suspendre dans un lieu sec et ventilé ; le séchage achevé, retirer les feuilles flétries.

Pélargonium

Géranium *alias* Pelargonium

« Une fois qu'elle dénouait un cordon d'or sifflant, elle s'aperçut qu'au géranium prisonnier contre la vitre d'une des fenêtres, sous le rideau de tulle, un rameau pendait, rompu, vivant encore. La ficelle d'or à peine déroulée s'enroula vingt fois autour du rameau rebouté, étayé d'une petite éclisse de carton… Je frissonnai, et crus frémir de jalousie, alors qu'il s'agissait seulement d'une résonance poétique, éveillée par la magie du secours efficace scellé d'or. » (Sido, 1929.)
La petite Gabri, quant à elle, arrachait des pétales de ce géranium rouge et se les frottait sur la bouche en guise de rouge à lèvres…

Deux pétales pourpre foncé et trois pétales roses : quel était-il, le bel inconnu de la fin du XIXe siècle donné à Sido par Monsieur le curé, avec sa fleur bicolore, papillon en suspens ? Mystère. Trop de candidats en lice. Un cultivar à feuillage odorant, peut-être ? De ceux qui imitent la pomme verte, la menthe, le citron, la fane de carotte ? Ou l'un des milliers d'hybrides créés par les horticulteurs entre 1830 et la fin du siècle ? À défaut de retrouver le vrai, l'authentique pélargonium du curé Millot, rien n'interdit d'adopter une variété de même signalement, tel 'Gemstone', au feuillage fruité, 'Lara Starshine', à note d'eau de Cologne, ou même 'Splendide', qui ne sent rien, mais dont la fleur de pensée sauvage oppose le pourpre intense au blanc lavé de rose.

Nigelle de Damas

Nigella damascena

La graine de la nigelle, « noire, brillante comme un cent de puces », garde « un long temps, si on l'échauffe, un parfum d'abricot, qu'elle ne transmet pas à sa fleur ». Colette la liera toujours au « bruit de pluie et de soie égratignée » qu'elle faisait dans les poches du tablier bleu de Sido.

Vient-elle vraiment de Damas, avec son feuillage de fenouil et sa collerette bleu pur dont jaillit, vert et saugrenu, un bonnet de bouffon médiéval ?
Le mystère du Proche-Orient sied à son charme exotique, mais à vrai dire elle est spontanée dans tout le sud-est de l'Europe comme en Afrique du Nord. Nul ne sait au juste depuis quand elle étoile nos jardins, l'été, de ce bleu vrai, insolite, qui colore indistinctement sépales et pétales. Mais sa sœur, *N. sativa*, la nigelle aromatique, figurait au Moyen Âge dans les jardins de monastère. Elle y était cultivée pour sa graine, appréciée depuis l'époque romaine comme condiment sous le nom de « cumin noir » (bien que sans rapport avec le cumin). Cette graine noire, qui tinte dans sa capsule cornue, rayée de vert et violine, gonflée comme un petit ballon, lui a valu son nom (du latin *niger*, noir).
'Miss Jekyll' colore de bleu profond sa fleur double ; 'Persian Jewels' mêle au bleu le blanc et le rose. Quant à leur sœur d'Espagne, *N. hispanica*, sa fleur pourprée mûrit en capsule conique coiffée d'une étoile de mer à dix branches. Pour la confection de bouquets secs, nul besoin de suspendre les inflorescences de nigelle : elles sèchent aussi bien sur la plante.

Plantes grimpantes

Glycine de Chine
Wisteria sinensis

Une glycine « centenaire, florissante, incoercible », défendait avec détermination « l'étroit empire » du jardin natal. « Elle se chargeait d'abeilles autant que de fleurs, et murmurait comme une cymbale dont le son se propage sans s'éteindre, plus belle chaque année, jusqu'à l'époque où Sido, penchée curieusement sur le fardeau de fleurs, fit entendre le petit "Ah ! Ah !" des grandes découvertes attendues : la glycine commençait à arracher la grille. Comme il ne pouvait pas être question, dans l'empire de Sido, de tuer une glycine, celle-ci exerça, exerce encore « sa force réfléchie ». Colette apprit, « à la voir faire, ce qu'est sa puissance meurtrière, que sert une convaincante beauté »…
(Pour un herbier, 1948.)

Tout en elle est douceur, de sa grâce de liane à la féerie de sa floraison, et jusqu'à ce nom, hommage à sa senteur de réglisse et de fruit : *glycine*, du grec *glukus*, doux, sucré. Sous tant de délicatesse se condense pourtant une force implacable. Dans son Sichuan natal, c'est à trente mètres de haut que la glycine de Chine se hisse en volutes jusqu'à la cime des arbres pour porter ses fleurs au soleil. Et sa puissance de boa est légendaire. Les pieds issus de semis sont à éviter à tout prix. La floraison peut se faire attendre vingt ans et risque de se révéler navrante : grappes chétives au ton de guimauve, masquées par le feuillage et parfois sans parfum. C'est cher payer la surprise ! Se procurer des plants que l'on a vus en fleur ou de variétés dénommées — il en existe d'éblouissantes, telles 'Caroline', bleu-violet intense, 'Jako', de coloris classique mais à longues grappes denses et pleines, ou 'Sierra Madre', blanc et lavande, pour ne citer que trois des plus odorantes. On trouve aussi, bien sûr, des cultivars blancs, lilas ou à fleurs doubles, sans parler de la palette des autres espèces — du Japon, de Formose, de Corée, d'Amérique du Nord…

Clématite
Clematis

Au moins deux clématites dispersaient leurs étoiles colorées dans ce jardin. L'une, « très foncée », grimpait jusqu'en haut du noyer « pour le plaisir, prise de vertige, de s'en laisser choir », l'autre, mauve, faisait pleuvoir ses étoiles « si larges et si molles ».

La clématite est reine de la supercherie : ses « pétales » sont en réalité des sépales. Non que cela fasse grosse différence : la fleur ainsi formée est parfaite — et son pouvoir de séduction absolu. À de rares exceptions près, les clématites sont grimpantes et s'attachent seules par des pseudo-vrilles, encore que mieux vaille guider leurs pousses et les fixer à l'aide de liens souples. Leur végétation étant grêle, le mariage leur est recommandé — à quelque beau parti arbustif, du genre rosier en particulier, soit en associant les floraisons, soit en les recherchant d'époques différentes, de manière à faire durer le plaisir. Bien choisi, ce partenaire assurera à la clématite son confort favori : les pieds à l'ombre et la tête au soleil. Veiller tout de même à ce qu'il ne la fasse pas mourir de soif.

CHÈVREFEUILLE

LONICERA DIVERS

« Meurtri de chaleur », le « charmant chèvrefeuille mielleux à fleurs rouges » qui distillait « ses poisons sucrés de vanille, d'ambre et de fleur d'oranger » ne résistera pas aux assauts ligneux et étouffants de la glycine centenaire. Peut-être est-ce pour cela que Sido convoitait avec autant d'ardeur le chèvrefeuille du curé Millot, « à petites feuilles panachées de blanc ».

Le chèvrefeuille « rouge » de Sido était sans doute une variété du chèvrefeuille des bois, *Lonicera periclymenum* — soit 'Belgica', à fleur bordeaux et paille, éclose en mai-juin, soit 'Serotina', cerise et crème, épanouie de juillet à septembre. Tous deux caducs comme leur parent sauvage, ils fleurissent plus généreusement que lui et leur parfum (surtout nocturne) est plus sucré, plus dense que ses effluves citronnées. Mais ce pourrait être aussi leur frère asiatique semi-persistant, *L. japonica* 'Chinensis', carmin et ivoire, non moins odorant. Chez tous, la fleur rutile en bouton mais s'ouvre sur un blanc cassé. Le seul chèvrefeuille résolument rouge, le Canadien *L.* x *brownii* 'Dropmore Scarlet', est ici disqualifié pour cause d'absence totale de parfum.
Quant au « chèvrefeuille d'Espagne à petites feuilles panachées de blanc » du curé Millot, il restera un bel inconnu. Divers cultivars panachés existent ou ont existé, éclairés de jaune plutôt que de blanc, tel *L. japonica* 'Aureo-reticulata', à petite feuille veinée d'or. Mais aucun n'est particulièrement d'Espagne, même si tous ont pu passer par là. Une variété récente de *L.* x *italica*, 'Harlequin', séduirait sans doute Sido avec sa feuille ourlée de crème et sa fleur odorante, ivoire et prune.

Grâces potagères

Melon 'Noir des Carmes'

Cucumis melo

Dans le « jardin-du-bas », Sido veillait jalousement sur ses melons, cantaloup et 'Noir des Carmes'. Ce dernier, particulièrement, était l'objet de la convoitise du « long-chat » qui savait ouvrir de ses griffes l'écorce « jaspée de sombre et de clair comme la peau des salamandres » de ce petit melon « qui ressemblait à une planète, avec des continents jaunes et des mers vertes ».

Bien que connu des Romains, c'est au XVe siècle seulement que le melon réussit son entrée en Occident, sur les terres papales de Cantaluppe, près de Rome, venu de l'Arménie turque. Aujourd'hui, les variétés se comptent par dizaines. On les classe d'ordinaire en deux grandes catégories : les *cantaloups*, aux fruits à peau lisse, tantôt ronds, tantôt ovoïdes, tantôt légèrement aplatis à l'image du globe terrestre, mais toujours marqués de côtes en fuseaux horaires ; et les melons *brodés*, ronds ou ovoïdes, à l'écorce ornée d'un bas-relief de dentelle liégeuse. À vrai dire, les hybrides récents hésitent parfois entre les deux camps.

Toujours bon pied, bon œil, le 'Noir des Carmes' est un vieux cantaloup, aujourd'hui paré du label « de collection » que mérite amplement son ancienneté. C'est un melon de taille moyenne dont l'écorce vert sombre, presque noire, vire à l'orange à maturité. Chez les melons, la base du fruit mûrit la première, et chez le 'Noir des Carmes' la lutte des couleurs se fait grand spectacle à mesure que se propage le feu jaune, chassant toujours plus haut la nuit émeraude. La chair est dense, saumon, très sucrée, fastueusement parfumée.

Fraise d'hier et d'aujourd'hui

Fragraria x ananassa

Dans son petit potager chaud, Sido cultivait des caprons blancs au « léger goût de fourmi », des « docteur-Morère » « si douces » et la Liégeoise-Haquin, « laide et musquée comme un fruit des tropiques et qui ne passait pas du potager à la table sans s'écorcher, saigner, tacher la corbeille et la nappe ». Pour les conserver plus longtemps, les jardiniers de son pays, « soucieux de cueillir des fruits fermes et froids », les cueillaient avant le lever du soleil, en « ce candide moment » qu'ils nommaient « l'heure des fraises »…

Le roman de la fraise vaut d'être conté. C'est sous Charles V, vers 1370, que la fraise des bois, *Fragaria vesca*, quitte ses fourrés pour se faire courtiser au Louvre dans les potagers du Roy. Mais la grande aventure du fraisier commence sous Louis XIV, avec le périlleux voyage (six mois de bateau) de quelques pieds d'une espèce chilienne, *F. chiloensis*, à grande fleur et gros fruit. Grâce aux soins jaloux de leur protecteur, le géographe Amédée François Frézier, cinq de ces plants voyageurs débarquent à Marseille en 1714, sains et saufs. Il semble cependant que tous aient été des dames, car pas un fruit n'apparut… jusqu'au jour où on leur présenta des plants d'une espèce américaine, *F. virginiana*, introduite en France près d'un siècle plus tôt, à petit fruit façon fraise des

bois. L'un des rejetons nés de la rencontre, porteur de fruits de belle taille, reçut le nom éloquent de fraisier-ananas, *F.* x *ananassa* (1766). De lui descendent toutes les variétés à gros fruits d'aujourd'hui.
En matière de fraises, la nostalgie a beau jeu : les variétés naissent et meurent, évincées par de nouvelles, en principe plus résistantes. Mais si la résistance aux maladies intéresse l'amateur, la résistance du fruit au transport le concerne moins, surtout si elle s'obtient aux dépens de la saveur. Par bonheur, aujourd'hui, l'arôme est redevenu priorité pour les hybrideurs. Et s'il est permis d'écraser une larme en souvenir des 'Saint-Fiacre', 'Géante framboisée', 'Rêve d'Été', leurs petites-filles ont de quoi nous consoler, comme 'Gariguette', résistante au sec, peut-être la plus riche en arôme ; 'Belrubi', à note musquée (telle la Liégeoise-Haquin) ; ou encore 'Mara des Bois', peut-être la meilleure de toutes actuellement, dont le nom dit si bien le parfum.

Poire 'Messire-Jean'
Pyrus

« Dans le soir rougeoyant, j'écoute s'endormir le bienveillant jardin. Au-dessus de ma tête zigzague le vol noir et muet d'une petite rate-volage. Un poirier de Saint-Jean, pressé et prodigue, laisse tomber un à un ses fruits ronds, flogres aussitôt que mûrs, et qui entraînent dans leur chute des guêpes tenaces… Cinq, six, dix guêpes au trou d'une petite poire… Elles tombent en continuant de manger, en battant seulement l'air de leurs ailes blondes… », raconte Colette dans Claudine en ménage. *Elle gardera toujours la nostalgie de cette poire « en robe d'un gris roux », « couleur de muraille », d'une « forme voisine de la sphère », qui « cache une chair cassante et mouillée, une saveur relevée par la plaisante âpreté typique ».*

Bosselée, presque ronde, à peau rugueuse et rousse ombrée de gris, la poire 'Messire-Jean' était l'un de ces fruits naguère très prisés dans les campagnes françaises. Un peu dure sous la dent, elle se consommait plutôt cuite, soit en conserve (poires tapées), soit en compote ou même en légume : coupée en tranches et revenue au beurre, elle accompagnait traditionnellement, à la façon des « pommes en l'air », les cochonnailles — boudins, rillons et autres — et figure parmi les meilleures poires à cuire de l'époque. Rustique et généreux, résistant aux maladies et n'exigeant aucun soin particulier, ce poirier de plein vent est devenu rarissime aujourd'hui. On n'en recense plus que quelques spécimens en France et déjà Colette déplorait son oubli. La variété ancienne qui s'en rapproche le plus semble bien être la 'Passe-Colmar', non moins vigoureuse, excellente cuite, mais à robe jaune et non rousse, et de forme plus allongée.

Le jardin d'Éden

LA-TREILLE
MUSCATE

Une femme dans un jardin...

Sur le pilier de sa « maison de chair » de Saint-Tropez, Colette rêvait d'écrire : « Vieil écrivain méchant ». Ci-dessus, fleurs de pommier. Double page précédente, les orangers de la Treille muscate.

Assise dans le jardin à même le sol, les jambes écartées, des mèches folles collées par la sueur, le chapeau de paille rejeté en arrière, une femme jardine. Elle fouille la terre de ses mains nues, empoigne des racines, tire avec hargne sur les plantes indésirables et s'essuie le front d'un avant-bras couleur de terre cuite. « Je suis en ce moment pareille au tonnerre de Dieu, pieds nus dans des espadrilles, crottée, les mains et les ongles immondes, pleine de nourriture et de roses. »
Près de quarante années séparent la petite fille qui interrogeait sa mère sur les plantes en pots alignées sur le reposoir du jardin de son enfance de cette femme, assise sur un petit lé de terre provençale, dans les environs de Saint-Tropez. « La vie débute le jour où l'on commence un jardin », dit un proverbe zen. Au moment où elle dessinait son jardin, Colette écrivait La Naissance du jour.

Tamaris-les-Pins

Colette a bien sûr abordé d'autres provinces depuis sa Puisaye natale et connu bien des jardins. L'héritage de Sido n'est pas resté vain. Ses mains ont extirpé les mauvaises herbes « à racine chevelue[1] » d'une terre bisontine, les « Monts-Boucons », première maison de campagne de la jeune mariée ; débarrassé d'un « lyciet ravageur » une prairie descendant vers la mer, nettoyé d'« un taillis féroce de ronces et d'épines un petit bois de pins enseveli depuis des années » à Rozven, sa maison bretonne ; combattu des orties, taillé des rosiers, exhumé « d'un fouillis immonde et végétal » les soubassements des murs d'un château limousin, Castel-Novel, mais jamais encore elle ne s'est racontée en train de planter, de confier à la terre une graine, une bouture, un jeune plant, peut-être d'ailleurs ne l'a-t-elle encore jamais fait… Pour la première fois, en Provence, Colette ne cueille plus, ne pille plus, ne lutte plus mais offre à la terre sa confiance en l'avenir, sa sérénité enfin abordée. Elle a cinquante-trois ans.

Elle vient de rencontrer son nouveau compagnon, Maurice Goudeket, qui deviendra bientôt son troisième mari et qui, pour l'heure, l'entraîne vers le Midi. Cette province, frôlée à plusieurs reprises lors de ses tournées théâtrales, ne l'avait pas encore conquise. « Beau Midi, tu me plais, mais je ne t'aime pas. Tu me séduis parce que tu brilles, parce que ton soleil irrésistible chauffe mes épaules d'une caresse rude, me rend plus active qu'un lézard qui court en rond sur une pierre chaude, et joue sur la mer qui s'anime et pâlit à son gré… Mais je ne t'aime pas. » Entr'aperçu au moment douloureux de sa séparation d'avec Willy, son premier mari, ce « Midi menteur » se colore, avec l'apparition d'un nouvel amour, d'une lumière complice et va se métamorphoser en une « saison sereine » qui s'égrène en « bleu et or » et où « la chaleur, le coloris et le parfum » fondent une « durable entente ».

« On vit ici dans les flammes pures. La mer, les pins, le ciel, le sol, tout est embrasé, et pourtant comme on vit aisément ! Je ne connais rien de ce pays que j'explore chaque jour, et où la verdure est arrogante sous le soleil. On tombe dans la mer partout, à toute heure, on se sèche, on se rebaigne, l'eau est si pure, les anses si désertes. »
(à Germaine Patat, 1925.)

La Treille muscate, modeste maison « peureuse et voilée », réfugiée derrière ses arceaux de fleurs et de verdures.

Là, encore moins qu'ailleurs, Colette ne recherche une maison, mais bien une terre où créer un jardin. On lui signale une petite propriété d'un peu plus d'un hectare, à la sortie de Saint-Tropez, qui s'appelle « Tamaris-les-Pins ». « C'est un joli nom pour une gare[2] », dira-t-elle. Cette petite maison, « modeste à souhait[3] », ancienne villégiature d'ouvriers agricoles qui venaient le dimanche griller quelques sardines dans un cabanon monté en dur où manque tout confort, ne la séduit que par le terrain qui l'environne : un rectangle plat bordé par une route défoncée et poussiéreuse, pour moitié planté de vignes, partagé entre un jardin, un petit bois de pins, un puits et quelques vieux arbres. À première vue banal, il ne dévoile son véritable trésor que derrière une barrière « à demi pourrie », une fois franchi le rempart verdoyant d'un chemin de côte : une petite plage « en forme de croissant où le sable est, sous l'eau pesante et bleue, si ferme et si blanc », là où la mer devient d'un bleu « solide ». « J'oubliais, c'est vrai, de vous dire que la mer limite, continue, prolonge, ennoblit, enchante cette parcelle d'un lumineux rivage. »

Ci-contre, le puits provençal recouvert de sa chevelure de treille muscate et de plumbago avec l'indispensable et « démoniaque » pot de basilic.
« Chaque fois que j'ai vu l'eau sur un étroit espace sourdre, bouillonner, et bondir, j'ai voulu l'emporter et la planter dans mon jardin. »
(*Flore et Pomone*, 1943.)
En bas, la Treille muscate vue de la vigne.

La mer, c'est l'ouverture, l'escapade, la liberté rendue possible. Forte de cette certitude, Colette peut se préocuper du jardin : « le jardin, le jardin ; vite, le jardin ; mais il n'y a pas de "jardin", remercions le hasard ». Pas de jardin, mais le minimum de plantes nécessaires : des lauriers-roses qui étouffent la grille, des mimosas qui escortent le passant jusqu'à la maison, un « mûrier antique », des figuiers « à fruits verts », des figuiers « à fruits noirs », quelques orangers, contre le mur chaud, la « nappe d'un violet brûlant » des bougainvillées et, indispensable, une lourde glycine qui coiffe une petite terrasse jalonnée de balustres renflées, tournée vers le nord. « Quand j'aurai dit que l'ail, le piment et l'aubergine comblent, entre les ceps, les sillons de la vigne, n'aurai-je pas tout dit ? »

Heureusement, cet enclos primitif, qui tient plus de la maison de vigne détournée en « grilladou », n'a pas de style déterminé. Colette s'en réjouit car « le style, c'est presque toujours le mauvais goût de nos devanciers, à dater du jour où il nous devient agréable ». Tout est à créer, cela lui convient. Une vieille vigne s'enroule autour du puits — « c'est du muscat, fit remarquer le propriétaire avec une nuance de considération[4] » —, alors, comme la maison compte « moins » et qu'elle disparaîtra bientôt sous une crinière végétale, comme une plante au milieu d'autres plantes, elle s'appellera désormais « la Treille muscate ». Des vrilles tenaces qui enserraient le jeune rossignol qu'elle était auprès de son premier mari, Henry Gauthier-Villars, Colette se fait en Provence une treille agile qui aspire à respirer « la brise qui parfois ne frôle pas la terre »...

Le jardin refuge

L'enthousiasme de Colette à créer son nouveau Paradis ne connaîtra en tout cas pas de limites. « Quand elle voyait un catalogue, elle voulait de tout », raconte son ancien jardinier Étienne Asteggiano : « des fleurs pour les grands vases », « des petites tiges pour les petits vases », des « tournesols pour les chardonnerets », « des variétés pour les papillons », « des plantes grimpantes pour les treilles », « un jardin potager avec un peu de tout, "comme un jardin de curé" m'avait-elle dit ». Colette, qui met en scène les lettres de sa mère dans le livre qu'elle est en train d'écrire, communie en Provence avec l'esprit de Sido. Fleurs à profusion, coins-refuges, protection insuffisante contre les intrus, cet enclos provençal ouvert sur une nature offerte et solitaire offre bien des similitudes avec le jardin de Saint-Sauveur. Cependant ce jardin du Midi n'est pas un hommage mais une quête ; il n'est pas une recréation mais bien un défi.

Colette se met au travail avec « une espèce d'acharnement batailleur ». « En un soir, de six heures à dix heures, lauriers-roses, pélargoniums ruisselant des jarres, géraniums, tout fut planté. C'est ravissant. » Le muret de briques ajourées qui retient les ceps de la vigne est remplacé par des « arceaux de fer léger » afin que les pampres libérés puissent s'envoler ou

" Il m'a toujours fallu un appartement très petit et un Éden énorme. »
(à Hélène Picard, 1929.)
Ci-contre, les jarres débordantes de pélargoniums.
Pages suivantes, Colette, en 1930 par André Kertész.

« La terre qu'on ouvre n'a plus de passé, elle ne se fie qu'au futur. »

« Coup de baguette. Non seulement les fenêtres rétrécies, leurs volets, la cour-patio, la couleur rose des murs, la lumière électrique ont marché, mais encore j'ai voulu fleurir tout cela. Et un soir, de six heures à dix heures, lauriers-roses, pélargoniums ruisselant des jarres, géraniums, tout fut planté. C'est ravissant. Qu'il est agréable de se ruiner ! » (à Hélène Picard, 1926.)
Ci-contre, lauriers-roses.
À droite, plumbago, dentelaire du Cap.

retomber en ombrelles. Lyrique, elle s'exclame : « De tes rejets ligneux, vigne, je me fais des arbres ! » Une autre journée n'est que « salades, limaces, fraisiers, groseilles… Tout cela dans un étroit jardin à l'abandon, et tout dévoré. L'an prochain j'espère le "mettre au net" comme une page », promet-elle avec ambition. Elle bêche elle-même le potager et cure le fossé mitoyen « qui draine les eaux superflues de l'hiver ». « Mentionnons encore un sarclage, pénible en terre dure, le rinçage des dames-jeannes en verre clissé. J'ai aussi huilé, frotté d'émeri les cisailles à vendange. » Colette la jardinière ne rechigne devant aucune tâche. Les ânons se relaient sur le chemin poussiéreux pour apporter dans leurs paniers en osier les plantes qu'elle a commandées et parmi elles, de jeunes mandariniers pour lesquels elle va quérir dans la mer une « litière d'algues ». « Dans la fosse circulaire creusée autour de leur tronc sur deux mètres de diamètre, j'entassais l'algue dessalée, puis je la recouvrais de terre que je damais des deux pieds ainsi qu'une vendange, et le vent printanier, à mesure, séchait ma sueur… » L'important est de planter. Impatiente, elle déploie une énergie stupéfiante à faire naître ce jardin, heureuse de « vivre physiquement » et de « sentir accourir en [elle] des forces musculaires » oubliées. « Je retourne ici à une manière paysanne de vivre », écrit-elle à Germaine Patat. Ces retrouvailles avec l'effort physique font partie du même enjeu. Le jardin édénique se mesure aussi aux courbatures et à la « bonne » sueur qui coule « en petits serpents sur les reins ». La lutte avec la terre est mentale aussi bien que physique. « Le jardinage lie les yeux et l'esprit à la terre. »

Colette jardinière

Ces travaux manuels ne la rebutent pas. Au contraire, Colette a toujours travaillé comme un artisan, avec le constant souci du travail bien fait et le jardinage, la cuisine ou l'écriture lui sont d'une même essence. « Il n'y avait pas pour elle d'occupation supérieure ou inférieure », écrira Maurice Goudeket. La main qui court sans répit sur le papier bleu est désormais une « bonne petite patte paysanne », tannée, brunie, écaillée, durcie, « le pouce retroussé en queue de scorpion », tailladée de « cicatrices » et d'« écorchures » dont elle n'a pas honte, « au contraire », et qui désapprendrait volontiers l'écriture pour le seul jardinage. « C'est un métier de forçat que de s'enfermer chaque jour pour écrire, alors qu'il fait si beau, que l'on se sent invitée à tout instant. » Cette main se découvre de nouvelles vertus : elle suscite les fleurs et les sources. Une voisine tropézienne lui fait connaître ce don de sourcière et Colette exulte. « Quelle étrange sensation ! À l'approche de l'eau, entre mes mains, la fourche devient vivante, plus vivante, impérieuse, et tourne comme un serpent ». Sensible au merveilleux, elle conclut : « que c'est beau, ce qu'on ne comprend pas ! » Elle connaît le même succès en jardinage et possède ce qu'on appelle « la main verte », « celle qui glisse son fluide dans les canaux d'une bouture, qui sauve le greffon, le tient en vie et en sommeil ». Cette communion entre la main humaine et le végétal est toujours une naissance mystérieuse. Elle ne se lasse pas de ce moment magique où « la bouture, qui a perdu connaissance et semble succomber à son sectionnement brutal, décide de vivre, rouvre ses verts canaux à l'ascension de la sève, et se redresse par imperceptibles saccades... ». Elle s'essaiera avec succès à ce mystère du vivant sur sept cents boutures de géranium-lierre rose, plantées en une journée « entre un lever et un coucher de soleil » ! « C'est une besogne qu'on peut accomplir assise, bien installée en pleine

Colette dans le patio arrière de la Treille muscate vers 1932. « Quelque chose d'agreste et de sain se dégageait d'elle », avouait Maurice Goudeket. « Soulever, pénétrer, déchirer la terre est un labeur — un plaisir — qui ne va pas sans une exaltation que nulle stérile gymnastique ne peut connaître. » (*La Naissance du jour*, 1928.) En bas, rudbeckias.

terre meuble et le plantoir dans la dextre, en progressant à la manière des culs-de-jatte. »

Mais l'enthousiasme, le dessein supérieur ne peuvent remplacer l'expérience pas plus qu'une « main verte » compenser une plantation mal orientée. Colette n'est encore qu'une jardinière inexpérimentée, aussi décide-t-elle de se faire conseiller par « un esprit du lieu», horticulteur de métier. Au début, « véhémente et prodigue », elle veut lui imposer ses points de vue. « Pas de géométrie ! Ne vous occupez pas de l'alignement !... Vous me comprenez ? » et s'insurge contre les allées qu'il s'évertue à tracer droites. « Mais, ça a l'air d'un gril à côtelettes, ce jardin ! Pourquoi ne faites-vous que des plates-bandes parallèles ? » Colette veut son jardin voué à la courbe car la ligne droite n'existe pas dans la nature. Tendu par l'appel de la lumière, tout végétal progresse par reptation. La ligne droite est pour elle signe de domestication, de suprématie humaine et elle désire mettre les deux règnes, l'humain et le végétal, sur un pied d'égalité. « Elle éprouvait, devant toute manifestation de vie, animale ou végétale, un respect qui ressemblait à une ferveur religieuse. En même temps, elle pressentait profondément l'unité de la création dans l'infinie diversité des formes[5] ». Pour cette raison philosophique, Colette n'éprouvera que dédain et incompréhension envers les jardins « à la française » trop savamment dessinés ou tous ceux qui, en général, doivent trop à « une volonté humaine, sûre d'elle-même et disposant de la nature sans se tromper ».

Mais comme tout jardinier, Colette doit faire face à la réalité. Sa détermination morale ne saurait lui faire oublier la nature d'un climat dont elle apprendra les règles, comme tout novice, à ses dépens. Un mois d'août torride ne laissera rien des balisiers qu'elle avait fait planter « de contre-manière », un hiver rigoureux fera éclater les troncs des vieux mimosas mal protégés et entaillera d'une « hache de glace » le cœur du vieux mûrier et de l'eucalyptus. Le mistral ainsi que des graines trop vieilles lui feront connaître de nouveaux déboires. « Je me souviens de mes projets comme de lourdes fautes de savoir-vivre », admettra-t-elle. « Écheveler des pampres ! Où avais-je la tête ? Les pampres, on les ligote, quand ils sont verts ; secs, on les taille, et court, s'il vous plaît. » Elle découvrira qu'au-delà de l'idéal intellectuel, le jardinage est une patiente mise en scène de la nature, qu'« un certain échevèlement ne s'obtient qu'avec la collaboration du sécateur », qu'il ne lui faudra pas moins de huit ans pour « détruire les vilaines allées » et que les « légumes ornementaux » n'ont pas attendu pour « orner » qu'elle leur assignât « une tonnelle, ou des gradins »...

À gauche, Colette avec la petite chienne Souci.
À droite, dans le jardin de la Treille muscate comme dans celui d'Étienne, légumes et fleurs étaient mêlés.
« À ouvrir la terre, ne fût-ce que l'espace d'un carré de choux, on se sent toujours le premier, le maître, l'époux sans rivaux. » (*La Naissance du jour*, 1928.)

L'apprentissage de la terre

Ci-dessus, zinnia élégant *(Z. elegans)*, aussi appelé zinnia à grande fleur. Ci-contre, ipomée volubilis. Double page suivante, tagètes et pétunias.

Petit à petit, année après année, erreur après erreur, Colette apprend à apprivoiser les plantes et admet quelques lignes droites dans son potager même si elle repasse derrière Étienne pour semer en cachette quelques graines dans les allées... Elle adopte bientôt une relation déférente envers la nature. Elle approfondit ses goûts, détermine avec plus de précision ses préférences, compose et modèle néanmoins ce jardin. Après avoir souligné une bordure d'un rose exclusif avec sept cents géraniums-lierres identiques, elle conviendra qu'« il y a moins de plaisir à foncer une vaste tapisserie uniforme qu'à varier une broderie multicolore ». La couleur sera l'une des forces dominantes de son jardin. Elle apprécie particulièrement le contraste d'une couleur chaude accolée à une couleur froide et mêle, le long de son allée principale, l'orange capucine au bleuté discret du plumbago et, dans ses plates-bandes, le jaune de l'œillet d'Inde au violet du pétunia armé d'une étoile blanche. Ailleurs, elle marie les couleurs chaudes ensemble, les sanguines amaranthes queue-de-renard aux faces rubicondes des jaunes tournesols, les rouges vermillon aux oranges safranés. Colette aime les couleurs qui « flambent », les rouges, les oranges, les jaunes, et tempère leur éclat par des touches de mauve, les bleus tendres du volubilis, du convolvulus ou de la chicorée sauvage. En aucun cas, son jardin ne serait monochrome et surtout pas blanc. La mode des années 1930 où le blanc, par « contagion », avait gorgé les jardins de spirées, d'arums, de glaïeuls blancs et de roses également blanches, lui rappelle trop des « funérailles de jeune fille »... Mais dans son jardin impressionniste, un mur sera entièrement consacré aux fleurs bleues qu'elle aime tant et, comme ces peintres novateurs, elle sera particulièrement sensible aux jeux de la lumière sur les fleurs selon les différents moments du jour, et observe que « le soleil de midi noircit les géraniums rouges et précipite verticalement sur nous une cendre triste. Il arrive qu'à midi les courtes ombres, que résorbent les murs et le pied des arbres, soient le seul azur pur du paysage... »

« La création d'un jardin remonte
en nous à des conceptions enfantines... »

Un éden solitaire

« Chacun enfante à sa ressemblance », reconnaîtra-t-elle. Son jardin ne sera ni « gracile », ni « clairsemé » mais, au contraire, touffu et compact. Sa maison « était cachée par tant de fleurs et de légumes emmêlés, qu'on en voyait à peine l'entrée », témoignera Natalie Clifford Barney. Chaque année, en juillet, elle retrouvera son jardin tel qu'elle l'exigeait, « furibond de fleurs », un jardin où, comme elle le désirait, à la manière des jardins anglais, « tout se mêle sans un pouce d'intervalle ». « La "Treille" est un orage compact de verdure, et de fleurs », écrit-elle à Misz Marchand, ce qui ne l'empêche pas de préserver aux arbres « l'air et l'espace » qui leur sont nécessaires, « comme si je dusse moi-même périr suffoquée ». « Je me plais

« La maison, emménagée, va être une délicieuse maison provinciale, ombragée, au milieu de sa petite terre plate, au bord de sa mer plate, sous ses vieux mimosas, ses lauriers-roses et ses térébinthes. [...] que ce pays est beau, tout juteux d'une verdure inattendue ! Et quelle fraîche chaleur éventée... » (à Marguerite Moreno, 1926.)

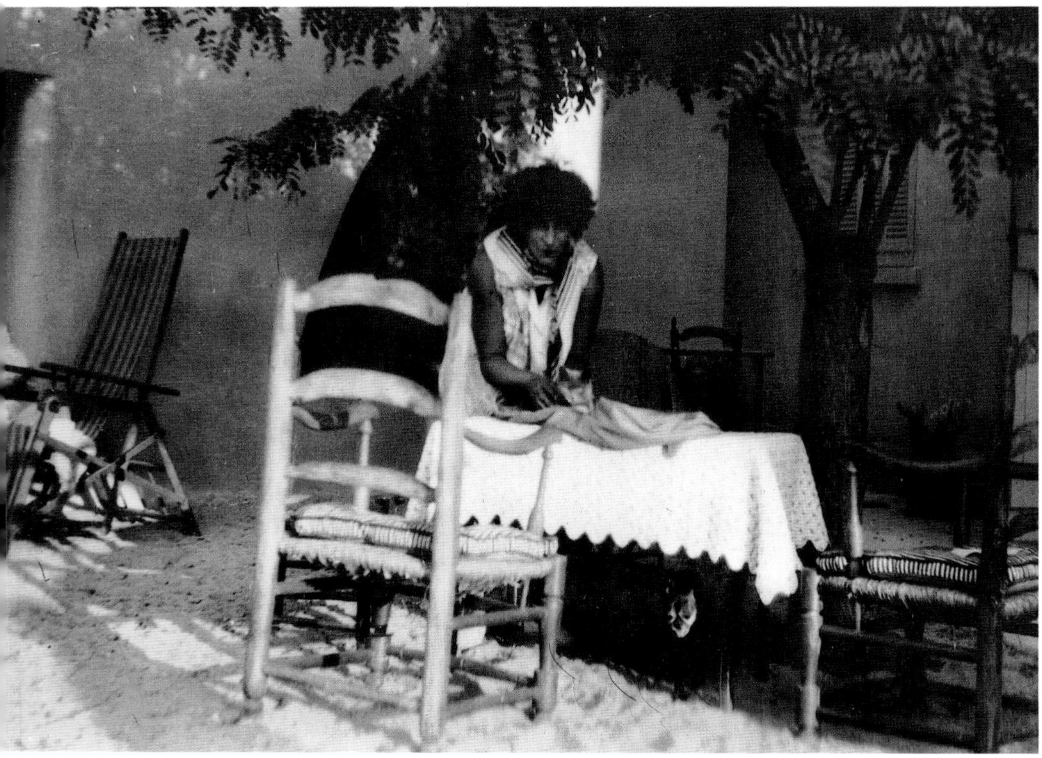

au gros paquet fleuri qui barre tout à coup l'allée, borne la vue, et je n'aime pas qu'un glorieux paysage entre à toute heure dans ma maison par toutes les issues. » Car le jardin reste avant tout un refuge et Colette, fidèle à la mesure humaine, trouve que « c'est bien de l'outrecuidance que de se mesurer à un panorama ». La nature, la vraie, celle du paysage, doit être présente mais derrière une grille, derrière une porte, possible mais discrète, accessible à tout moment, mais selon sa propre volonté, et, avant tout, déserte. « Ôtez de ma portée le visage humain et tout est changé. Il était donc le seul responsable de tant de fatigue, de tant d'intolérance ? Sa bienveillance, sa courtoisie, la rapidité éblouissante de ses réflexes, et leur éloquence — vient un

Ci-dessus, passiflore.
« Il souffle un mistral vert et rose, magnifique, qui s'est levé en un instant comme un drap qui s'envole. »
(à Léo Marchand, 1926.)

moment de l'année où je n'en puis plus de les voir. » Le jardin de Colette est une oasis solitaire, une île déserte, une source rafraîchissante. Dans son jardin, le genre humain n'a plus sa place et Colette éprouve le profond désir de se fondre dans la verdure, dans la couleur, dans l'aube et sa ruisselante rosée. « La séparation est accomplie, le havre atteint, la grille refermée entre le genre humain et moi. » Même la sonnette du pilier de l'entrée refuse de remplir son office. « De la rosace en faux marbre et métal oxydé vous verrez s'élancer par centaines mes fourmis rousses, chacune menaçant l'intrus : "On a sonné ? Qui a sonné ? Qui s'est mêlé de sonner ?" Au second appel, c'est par milliers qu'elles sortent... » Colette a renoncé à installer à sa grille un écriteau qui indiquerait : « Vieil écrivain méchant », mais la visite de quelques rares amis sera ressentie comme une certaine immixtion qui la dérange autant elle que son jardin. « Je crois que la présence, en nombre, de l'être humain fatigue les plantes. [...] J'ai trouvé mon jardin las après le départ de mes amis. Peut-être les fleurs sont-elles sensibles au son des voix. Et les miennes ne sont pas accoutumées plus que moi aux réceptions. »

Les fleurs, la verdure, la pénombre la protègent sans l'étouffer. Le grand espace est là, derrière la porte. La liberté, la pleine jouissance lui viennent aussi de ces moments de solitude et de silence, lors de longues promenades matinales. « L'aube, le chemin de côte et le givre de rosée épaisse me sont toujours fidèles. C'est l'heure où la chienne sait qu'on ne met pas de collier et qu'elle ne doit pas aboyer, l'heure clandestine... » L'heure où elle semble être la seule au monde à surprendre « la naissance du jour », « l'instant où le lait bleu commence à sourdre de la mer, gagne le ciel, s'y répand et s'arrête à une incision rouge au ras de l'horizon... » L'heure où une rosée providentielle lave et régénère chaque jour la terre et l'esprit. « Je t'assure que je n'ai rien à te raconter, — ou bien il faut décrire le temps qu'il faisait dans le paradis terrestre. Le temps est inégalable ! Pur, assez chaud, pas trop chaud, des nuits fraîches, des aubes ruisselantes où la rosée est si miraculeusement abondante qu'elle coule en pleurs le long des arbres comme une averse d'été et mouille la terre comme un arrosage. La petite plage, le matin, est trempée, et le soleil boit d'un trait cette humidité merveilleuse. » Désormais « l'heure clandestine » remplace « l'heure des fraises » de son enfance, quand sa mère la réveillait tôt pour lui offrir les premières lueurs du jour comme un cadeau. Colette se fond avec volupté dans les éléments, les couleurs, la verdure, l'eau, l'air, le vent. Elle redécouvre dans ce jardin provençal les joies d'une vie simple et paysanne, une vie dont, en fait, elle a toujours rêvé.

« Le luxe, c'est l'immobilité et le silence. »

De paisibles miracles

Colette et sa chienne bull Souci au « nom de fleur et de tourment » dans le patio de la Treille muscate. « Chienne, chatte et moi, nous avons une conception très nette du plaisir, qui s'épanouit au choc du "temps retrouvé". » (*À portée de la main*, 1949.)

Colette ne pourra bientôt plus se passer de ce Midi embaumé où « le temps est une perfection ». De 1926 à 1938, elle viendra se gorger de « cet air mobile et léger », de « cette brûlure », de « cette fraîcheur », pendant près de trois mois chaque année. Le plus souvent seule, Maurice Goudeket étant retenu pour affaires à Paris, elle s'installera l'été dans cette petite maison « si ordinaire qu'elle ne peut pas connaître de rivales », dont elle a rétréci les yeux afin de s'organiser, « avec autant de soin qu'[elle aurait fait] d'un bouquet », une pénombre, une obscurité propices à sa retraite silencieuse. Un patio arrondi d'arcades, souvenir nostalgique de voyages marocains, agrandit désormais la demeure du côté de la mer ; prétexte à installer des jarres coiffées de pélargoniums ainsi que de nouvelles plantes grimpantes, il soutient surtout un escalier qui mène à une terrasse tournée vers le levant où Colette s'est installé une « chambre-à-coucher-dehors ». Protégée par la seule voûte céleste, en position surélevée comme autrefois dans le vieux noyer, elle tire sa natte de raphia et s'endort, bercée par le golfe qui ronfle « comme un coquillage ». « Combien sont-ils parmi les amants de la nature, à l'aimer assez pour passer la nuit en son sein, par amour, uniquement par amour ?... » Quelquefois, la nuit est trop belle pour dormir ; Colette alors se lève, pose la tête sur le rebord de la terrasse et surprend une barque furtive qui semble pêcher au bout de son jardin : « Avec son grand feu de copeaux à l'avant, elle glissait à un mètre du bord, et de la terrasse elle avait l'air de se promener dans le chemin de côte, comme une âme. »

Les journées de Colette s'organisent autour de ces « paisibles miracles » et de la « tutélaire amitié des fleurs ». Au retour de la promenade matinale et après le petit déjeuner sous la glycine, escortée de ses deux dieux lares, la chienne bull « Souci » et « La Chatte », Colette jardine. « Toutes trois s'enivraient de l'odeur âcre qui mont[e] de l'humus, pareillement occupées de secrets essentiels[6] ». Un timide chat tropézien nommé « Muscat » vient épier le trio et se jette sur les chevilles de la jardinière dès que ses deux autres compagnons se sont un peu éloignés. « Je n'ai jamais connu d'amoureux plus muet, plus attentif que ce chat... » Car la Treille muscate, comme tout éden qui se respecte, est peuplée d'une quantité d'animaux. « Le jardin est plein, le soir, de grands sphinx gris et roses qui viennent boire. Dans la maisonnette du garage, où couche ma gardienne, c'est la deuxième année que les hirondelles — les mêmes — font leur nid sur le plateau de l'applique électrique au plafond. [...] Il y a aussi des tarentes peu farouches, et une tortue au caractère combatif que j'ai trouvée souffrant de la soif dans les forêts incendiées, à 30 km d'ici. Il y a cinq hérissons chez mon voisin, qui boivent

« Toby-Chien : "Elle porte un arrosoir lourd, qu'Elle verse, en mille fils d'argent glacé qui me donnent le frisson, sur les roses !" » (*Douze dialogues de bêtes*, 1906.)
« Rien ni moi ni personne ne peuvent dépeindre l'aube et cette rosée qui grimpe aux arbres, les charge d'une pluie qui n'est pas tombée. Tu secoues, le matin, tamaris ou mimosa : c'est une douche. Je n'ai jamais vu cela ailleurs. » (à Léo Marchand, 1937.)
À gauche, coréopsis ; à droite, absinthe et sauge bleue.

du lait. Une jolie couleuvre à ma grille d'entrée. Des crapauds de tous formats, qui chantent. » Elle affirme avec le genre animal sa compréhensive ressemblance que l'un de ses maris appellera « sa monstrueuse simplicité ». « Au point de vue humain, c'est à la connivence avec la bête que commence la monstruosité. [...] Encore s'il n'y avait que la connivence... Mais il y a la préférence... Je me tairai ici. » Elle ne manque jamais de suspendre pour les oiseaux des abreuvoirs en verre dans les arbres ou de tendre à la tortue ou au hérisson une jatte de lait. Un petit « oiseau baigneur », « hydrophile brun-roux », vient la retrouver lors du rituel de l'arrosage, entre 9 et 10 heures du soir, et « perd toute retenue à l'heure où la lance s'empanache d'une grande plume d'eau [...] Il vole, s'ébroue à même le jet, le traverse vingt fois, secoue en volant une roue de perles »...

Vivre dans un jardin, c'est toujours un peu, pour Colette, s'égarer dans le domaine de l'enfance, retrouver une part de son l'innocence. En Provence, le temps s'est arrêté. Elle a remonté la « sente potagère » qui la menait à Sido et remis ses pas dans les empreintes de celle qui lui avait inculqué l'esprit vertueux de la province. Mais elle n'a pas seulement renoué avec « une pureté obligatoire », une « dignité », un « orgueil », elle a su aussi devenir son propre guide. Le paradis perdu, elle l'a recréé mais aussi conquis, façonné, sublimé. Mûrement réfléchi, ce jardin exprime un nouveau bonheur, celui de sens apaisés que nul danger ne pourra plus venir troubler. Même si elle sait qu'il n'est qu'un leurre éphémère, volontaire, Colette a atteint ici une véritable sérénité, une sensualité édénique, simple, sage et régénératrice. La Treille muscate est sans conteste ce « paradis sans ombre » auquel elle a tant aspiré...

« La jungle est si proche de l'Éden... »

Fleurs et fruits de la Treille muscate

Ci-dessus, bordure de zinnias.
Ci-contre, Colette dans un jardin provençal vers 1926.

« Parti, à petit train, en 1926, le jardin provençal est en route. J'ai plaisir à penser qu'il n'arrivera jamais à une perfection figée d'ambitieuse mosaïque. Tout l'en empêche et moi la première »…

C'est sur un terrain pauvre et sablonneux que Colette crée son jardin de la Treille muscate entre un chemin de côte mouillé chaque matin d'une rosée saline, une pinède rustique ombragée qui se balance au gré du vent et une vigne donnant chaque année un vin clairet qui « coule aisé du gosier aux reins et ne s'y arrête guère ».

Ce jardin est plus à l'image de sa créatrice que strictement provençal. Les plantes qui piquent ou blessent n'y sont pas les bienvenues. Colette ne veut qu'une verdure généreuse et éphémère, utile et odorante, mue par une « grâce molle, arrosée et grasse »…

Une chevelure parfumée

Dès avant la grille, les fleurs attiraient l'attention : de généreux lauriers-roses étaient « empressés à tendre au passant, entre les barreaux, des bouquets poudrés de poussière provençale, aussi blanche que la farine, plus fine qu'un pollen »... Escorté sur la gauche par une haie vive de mimosas des quatre-saisons, le visiteur remontait l'allée principale qui menait à la petite maison sous un couvert d'arceaux arrondis, abaissés selon le désir de l'écrivain à hauteur d'homme afin que puissent s'y mêler chevelures humaines et chevelures végétales. Sur chaque arceau s'élevait une plante grimpante différente : chèvrefeuille, passiflore, volubilis, rose, aristoloche, plumbago et capucine qui, année après année, voileront ce tunnel de leur ombre colorée. « On aurait dit comme un cloître », raconte Étienne. Soulignant l'allée, sur la droite, des zinnias multicolores étaient plantés en ligne entre les arceaux. La maison disparaissait sous un épais manteau de glycine entremêlée d'une vigne et d'une bignone rouge. Sur le rebord des balustres, des fleurs odorantes étaient cultivées en pots pour « enivrer » l'air du soir : datura, lis blanc, lis rose au « pesant parfum de pêche contuse » et géraniums-rosat. Car Colette, à qui l'on posa la question : « quelle est votre fleur préférée ? », répondit : « Toutes celles qui sentent bon... » Un vieux mûrier appuyait son épaule contre un angle de la maison, comme jadis le noyer contre la cuisine de Sido. Les chats avaient l'habitude de s'y installer pour dormir mais aussi pour guetter les oiseaux qui venaient s'ébattre près de l'abreuvoir en verre disposé par l'écrivain dans le feuillage. Un plat en terre à peine rempli d'eau leur servait également de bain. Il était posé à terre entre le mûrier et les hortensias apportés de la capitale pour être replantés dans le Midi. « Tenus vivants sur le balcon, à Paris, cadeaux de Pâques et d'anniversaire [...] pâles de chlorose, ils [avaient] pourtant des trésors d'énergie, et ma jardinière parl[ait] d'eux avec considération : "té, ils sont de belle race, pensez, c'est des Parisiens..." »

« Le bain est un sel bleu. J'arrose entre neuf et dix heures le soir. Je t'écris dans l'obscurité verte d'après déjeuner. Les cigales seules font résonner leurs petits hachoirs. En trois jours, je suis déjà couleur de chemin et de terre cuite. » (à Hélène Picard, 1926.)
À gauche, rare concession de Colette aux verdures méditerranéennes, un de ces palmiers « qui ne suppléent pas l'Afrique ». « Quelle monotonie dans leur élan de jet d'eau figé, dans leurs troncs rocailleux comme des tatous ! » (variantes de *L'Ingénue libertine*, 1909.)

Un jardin nourricier

Le jardin de la Treille muscate est avant tout un jardin nourricier où les herbes condimentaires rivalisent de parfums.

Sur le côté de la maison, un mur chaud se couvrait de la nappe brûlante des bougainvillées. De là partait, pour revenir vers la route, un petit chemin de terre qui menait au fameux puits de la Treille muscate, où s'accrochait un cépage de muscat de Beyrouth, « le meilleur » selon Étienne, que grappillait Colette à chacun de ses passages. Sous le couvert de cette treille, à même le puits, elle avait installé « une chapelle de pots » contenant pélargoniums, basilic et autres plantes potagères qui réclamaient une lumière tamisée. Ce petit chemin était bordé de poiriers plantés en espaliers, donnant les « poires de juillet » dont « elle aimait la couleur, la forme et surtout le bon goût », raconte Étienne, et d'une rangée d'amaryllis roses. « C'est beau, mais il manque quelque chose. On dirait un ibis rose, perdu dans le Sahara », fit remarquer Colette au jardinier qui eut alors l'idée de semer entre les bulbes des graines de pourpier-fleurs de toutes les couleurs. Sur toute la largeur des terrains déployés de chaque côté de ce petit chemin s'étageaient des rangs parallèles tracés à l'ancienne, mêlant fleurs et légumes, comme dans le potager d'un jardin de curé. « Sage, jardin, sage ! N'oublie pas que tu vas me nourrir… je te veux paré, mais de grâces potagères », écrivit Colette dans la première *Treille muscate*. Et il en sera ainsi. Ce jardin fut avant tout un jardin nourricier destiné à pourvoir l'écrivain en légumes jeunes et frais, en tomates mûres, en aubergines « karagheuziennes », en oignons et en salades « ingénues » ainsi qu'en herbes parfumées. Menthe, marjolaine, sauge, estragon, pimprenelle, thym, sarriette, romarin et basilic n'attendaient que l'heure de sa venue pour délivrer sur son passage leurs « parfums impatients ». La récolte était si abondante — « tout venait bien dans ce jardin », avouera Étienne — que Louise Lamponi, la gardienne, pouvait envoyer une fois par semaine à Colette, rentrée à Paris, des colis postaux renfermant radis, haricots verts ou pommes de terre nouvelles dont elle raffolait. « L'ail est au long de l'espalier, et le piment près du rosier qu'on taille bas pour qu'il résiste au vent. L'aubergine et la tomate voisinent traditionnellement. Je fréquente tout cela depuis l'enfance. Fallait-il venir de si loin pour retrouver ce que je quitte ? » L'ombre de la robe en satinette bleue de Sido régnait sur ce coin de jardin arrosé tous les soirs à la fraîche par Colette, tout comme le faisait jadis sa mère dans le jardin de Saint-Sauveur. Au milieu des haricots verts, des carottes, des radis, des poivrons, des fèves et des pommes de terre nouvelles, au milieu des poires de juillet et des fraisiers musqués, Colette deviendra elle aussi, à son tour, une âme tutélaire et nourricière. Tout jardin potager est un jardin maternel. Et comme dans le jardin de Sido, Colette nourrissait aussi son regard de couleurs et assortissait les fleurs aux légumes.

Modeste et résistant

« C'est un jardin modeste, où vous ne trouveriez pas une fleur rare. » L'eau était précieuse et il ne fallait compter dans ce Midi des années 1930 que sur la rosée matinale et l'eau du puits. Colette, qui déplorait les gazons pelés — qui n'existaient d'ailleurs pas encore alors dans le Sud — et ne recherchait que la compagnie des fleurs, ne choisit que celles qui résistaient à la chaleur. Son enclos, écrivit-elle, ressemblait fort aux « petites exploitations horticoles » de Grasse. Elle avait compris que « l'intrus, qui déshonore ce pays, ne s'impose pas à lui » et doit abdiquer devant les exigences d'un climat qui, l'hiver, « mordille » la terre et l'été, « l'exténue ». Ayant fait « la part du feu », Colette avait dressé des palis, comme l'autochtone averti, planté, côté mer, « les cyprès en murailles » et « les faux bambous en lances » et s'était aménagé entre ces murs de verdure un espace « épanoui et peureux » où les fleurs poussaient en bandes serrées ; pour les bouquets, des œillets de Nice, des soucis, des dahlias et beaucoup d'anémones de toutes les couleurs qu'elle adorait ; pour les papillons, des scabieuses ; pour leur bleu indicible, convolvulus et chicorée sauvage qu'elle avait fait déterrer des fossés voisins. Les fleurs s'épanouissaient en paliers depuis le sol jusqu'à hauteur d'homme. « Au premier plan, l'œillet d'Inde [...] endigue une frange penchante de pétunias violets, frappés chacun d'une étoile blanche. » Au-dessus des pétunias flambent quelques balisiers, dont la fleur égale en beauté, en mollesse charnue, les langues fiévreuses des orchidées. C'est à l'étage plus haut que commence le domaine du zinnia. » Puis venait l'étroit empire « des grandes amaranthes en épis », les amaranthes queue-de-cheval, des roses trémières qui se hissaient vers le ciel, enfin, butin des chardonnerets, les imposants tournesols rattrapés par l'inépuisable « volubilis d'azur » qui parait « leur col inflexible [d']un ruisseau suspendu, que noircit le passage du nuage, que le retour du rayon épand et bleuit... » Pour se reposer de l'écriture, Colette parcourt sa propriété, « arcande[7] », de son jardin fleuri à la pinède feutrée, du patio à l'orangeraie bordée d'arbousiers qui ouvre sur la mer, de la « chapelle de pots » installée sous la treille muscate au chemin de côte et salue chaque matin d'un regard étonné toute fleur nouvelle. « La grandiloquence méridionale achevait de magnifier ces modestes endroits. » Lorsque Maurice Goudeket demandait à Lamponi, la gardienne : « "où est madame ?", elle répondait : "dans le parc", quand Colette était au jardin, "dans la forêt", si elle se reposait, avec les bêtes, au fond du minuscule bois de sapins, "dans la campagne", pour tout le reste ». Colette régnait sur son éden et comprenait désormais ce qu'était un jardin provençal : « C'est le jardin qui n'a besoin, pour surpasser tous les autres, que de fleurir en Provence »...

« Mon patio est une chevelure de pétunias de toutes couleurs, de chèvrefeuilles d'Espagne, de lauriers-roses. Je suis très fière, et j'aurais bien voulu te montrer ma maison avec toutes ses parures, fleurs et salle de bains. » (à Misz Marchand, 1929.) Ci-dessus, agapanthes ; ci-contre, un laurier-rose.

Fleurs odorantes

Datura blanc

Brugmansia arborea

« La longue pendeloque du datura est un vénéneux joyau », remarque Colette. « Une odeur rampante sort des daturas fleuris. Ce lourd parfum d'amande amère, que laissent couler leurs cloches blanches, remue mon cœur jusque dans mon estomac. » Après le passage de la pluie qui redonne au jardin « sa couleur de jardin », l'odeur change à nouveau. « Au fond du ciel encore bouleversé, une étincelante épée, jaillie d'entre deux nuages, pourchasse vers l'est les croupes fumeuses et bleuâtres, dont le galop roula sur nos têtes. L'odeur des daturas, qui rampait, s'envole, enlacée à celle d'un citronnier meurtri de grêle. » (Douze Dialogues de bêtes, 1906.)

Comme le tabac son parent, *Brugmansia arborea* attend la tombée du jour pour distiller son parfum aguicheur. Dans la journée, inodore, il se défend de quiconque vient le flairer en libérant de son feuillage, au moindre frôlement, un vague relent méphitique. En Solanacée qui se respecte, toute la plante est vénéneuse. Dans ses Andes natales, de l'Équateur au nord du Chili, les Indiens n'ignoraient rien de ses propriétés narcotiques, qui lui valent d'être cultivée dans toute l'Amérique latine subtropicale.

Deux autres *Brugmansia*, très proches, portent aussi le nom de datura blanc : *B. suaveolens*, à feuille plus grande et à fleur plus tubulée, pendant à la verticale, parfois ourlée de rose ou de jaune ; et *B.* x *candida*, similaire, dont la fleur, paille à l'éclosion, ne devient blanc pur qu'à maturité.

Bien d'autres daturas, arbustifs ou annuels, se parent de cloches en toit de pagode, diversement colorées. Aucun n'est aussi odorant que notre trio de daturas blancs.

Lis

Lilium divers

« Une tubéreuse est née ce soir, et toute la terrasse lui appartient déjà. À la même heure naissait le premier de ces démons : les lys roses. Il est d'un rose de coquillage, et — bien entendu — maléfiquement embaumé. Une terrible odeur, où domine la pêche mûre. Tu ne les connais pas, ceux-là. Je tâcherai de t'en rapporter un oignon. »
(à Hélène Picard, août 1933.)
Colette hébergea également dans son jardin provençal des lis japonais extravagants qui lui inspirèrent des cris « d'admiration et de crainte : deux fleurs de vingt centimètres, au moins, de diamètre, blanches (parbleu !) ondulées au bord des pétales, dont chacune porte une raie médiane jaune soufre (parbleu !) et brune, et tavelées de noir en petites éclaboussures nettes. Les étamines sont d'énormes marteaux, un peu phalliques (bien entendu) fourrés d'une fourrure ocre foncé. Le tout exhalant un parfum tel, surtout le soir et la nuit, que l'odeur franchissait en rampant cinquante mètres de jardin pour venir nous tenter. »
(à Hélène Picard, s.d.)

Quel était donc ce lis « d'un rose de coquillage » et « maléfiquement embaumé » qui ravissait Colette ? Des lis roses, il en est tant ! Mais à l'orée des années 1930, la grande ère des lis hybrides n'avait pas encore sonné. De sorte que le candidat le plus plausible semble bien *Lilium regale*, tout droit venu, vers 1905, des ravins de sa vallée chinoise. Lis trompette à senteur intense, il a longtemps été l'un des plus répandus pour sa facilité de culture. Peu exigeant quant au sol, il ne demande qu'un drainage sans faille et un peu d'ombre à son pied.

Quant au « monstre japonais » à la fragrance inouïe, ce ne peut être que *L. auratum*, le lis doré introduit du Japon en 1860 et intronisé roi des lis. Natif de pentes volcaniques au sol pauvre, il exige un substrat poreux

comportant au moins un tiers de sable. Au jardin, malheureusement, il ne fleurit souvent qu'une fois — mais cette fois-là est inoubliable. Il est l'ancêtre d'une kyrielle d'hybrides.

Pour qui voudrait renouer avec les lis de Colette, *L. regale* est toujours royal, en potée comme au jardin, auprès de népétas ou de lavandes. Et, pour retrouver le parfum forcené de *L. auratum* sans sa fragilité, adopter son fils 'Yuri No Hikari', blanc à peine touché de rose, ou son petit-fils 'Nippon'.

Lis des sables

Pancratium maritimum

En bordure de sa propriété, Colette a planté des lis des sables blancs « qui se ferment pendant le jour » et deviennent bleus sous la pleine lune. Une vieille femme a pris l'habitude de s'asseoir tous les jours devant chez elle pour les admirer. « "Té ! qu'il est joli !" J'accours : elle caresse, d'un doigt ciselé, noirci, crochu, le bouton à tête plate, couleuvrine, comme prête à siffler, d'un de ces lis des rivages qui s'élancent de la terre, grandissent si vite qu'on n'ose pas les regarder, épanouissent leur corolle et leur parfum maléfique de fruit mûr blessé, puis retournent au néant…

Non, il n'était pas joli. Il ressemblait à un vigoureux serpenteau aveugle. Mais la vieille femme savait qu'il serait joli quelques jours plus tard. Elle avait eu le temps de l'apprendre. » (La Naissance du jour, 1928.)

Pour les botanistes, le lis des sables est plus proche des amaryllis que des lis, mais quel meilleur nom donner à cette ombelle de trompettes évasées, odorantes, d'un blanc très pur ? Spontané dans les dunes du littoral, de la Méditerranée à l'Atlantique (jusqu'au Morbihan), le lis des sables consent à fleurir au jardin pour peu que l'on comble ses désirs : un sol léger, au drainage sans reproche, auquel on incorporera du sable et du terreau de feuilles, et un site brûlé de soleil où le bulbe se gorgera de chaleur. Encore appelé lis de mer ou lis matthiole, le lis des sables est une espèce à protéger, menacée par la raréfaction de son biotope. Les fournisseurs spécialisés en proposent des bulbes multipliés par leurs soins.

Jasmin blanc

Jasminum officinale

L'excès de suavité ne séduit pas Colette qui dédaigne, par exemple l'héliotrope, « sa vanille à vomir, son demi-deuil mauve » qui « l'incommodent ». Mais le jasmin, rehaussé par sa pointe de fétidité, la tente, ainsi que la forme de ses fleurs, « ces petites constellations, blanches dans le feuillage noir », qui resplendissent les nuits sans lune ; pour elle, le jasmin est « presque aussi lumineux que l'étoile »…

Rançon de la gloire, il est l'une des plantes au monde les plus victimes de contrefaçons. Jasmin du Cap (gardénia), jasmin étoilé (*Trachelospermum*), jasmin de Virginie (bignone), on ne compte pas les imitateurs et tous ne sont même pas odorants, un comble !

Alors, qu'on se le dise, le vrai jasmin, c'est lui : *Jasminum officinale*, jasmin blanc, de la noble famille des Oléacées, celle de l'olivier.

À vrai dire, parfum mis à part, il est plutôt gentil garçon que jeune premier. Son feuillage mat est joliment découpé, mais il le perd l'hiver, laissant à nu ses tiges grêles, à section anguleuse, qui s'enlacent obtusément à tout support ou, à défaut, les unes aux autres, jusqu'à former une charpente en spirale. Et ses lianes sinueuses ont tôt fait, si l'on n'y veille, de s'entremêler en nid de pie plus riche de sarments secs que de bois vert.

Généreux, pourtant, il l'est sans compter, de ses fleurettes en étoile comme de son parfum capiteux, avivé par la chaleur du jour. Ce parfum, c'est sa raison d'être. C'est pour ce parfum que la Renaissance l'a fait venir de Perse, c'est pour ce parfum que la région de Grasse le cultive par centaines d'hectares afin d'extraire sa précieuse essence. À vrai dire, industriellement, il est planté surtout sous sa forme himalayenne, *grandiflorum*, semi-persistante, plus robuste, à large fleur lavée de rose à l'extérieur. Au jardin, on lui préfère parfois sa variété 'Affine', elle aussi à grande fleur rosée, ou sa sœur 'Aureum', plus grêle, à feuille éclaboussée d'or.

Mimosa

Acacia dealbata

« "Donnons un peu à boire aux jeunes mimosas", disais-je à ma jardinière, en Provence. Car les feux du ciel buvaient la sève de mes "quatre-saisons" transplantés, et leur feuille oblongue, ressemblante à la feuille de l'olivier, pendait altérée. Mais la jardinière secoua le front :
— Ils ont eu de l'eau hier, ils n'en auront que demain.
— Mais regardez-les, ils sont soif !
La jardinière leva les bras :
— Ah ! bien, si vous les écoutez, ils vous en raconteront ! Tant plus vous leur donnerez, tant plus ils vous demanderont. Déjà que je suis forcée, pour arroser les tomates repiquées à côté d'eux, d'y aller comme en cachette ! [...]
"Ils se font faibles exprès", disait-elle, elle désignait les mimeuses des quatre-saisons, en baissant la voix. » (Flore et Pomone, 1943.)
Outre le mimosa des quatre-saisons et ses « grands plumages pleureurs », Colette planta une variété à houppes, « admirable », avec « des moustaches de chat rouge corail, jaillissant d'une fleur en papillon jaune ! » (à Marguerite Moreno, juillet 1931.)

Sur le millier d'espèces que compte le genre *Acacia* (nom botanique du mimosa), seules quelques-unes sont cultivées en France, australiennes en majorité. Les plus gélives se cantonnent à la zone de l'oranger, les plus téméraires remontent jusqu'aux rives de la mer du Nord — mais là, toujours au sud de quelque grand mur protecteur. Le mimosa des fleuristes, *A. dealbata*, est le plus familier avec ses petites boules de duvet (poussin ou caneton, suivant la variété), délicieusement odorantes, écloses de janvier à mars. Il fleurit tout jeune, surtout greffé, et forme très tôt un petit arbre au port étalé, dont la charpente robuste

contraste avec le feuillage vaporeux, vert glauque. Une dizaine d'années lui suffisent pour prendre une allure vénérable, et son ombre légère est parfaite pour placer un banc et quelques potées. Mais ne pas compter planter quoi que ce soit à son pied : ses racines goulues font place nette. Lorsqu'on dit « mimosa », c'est toujours à lui que l'on songe.
Quant au fameux « mimosa à houppes », ce n'est qu'un mystificateur. Malgré son fin feuillage plumeux et son surnom de mimosa du Japon, *Caesalpinia gilliesii* est d'une autre branche de la famille des Légumineuses. Appelé aussi poinciana ou oiseau de paradis, c'est un petit arbre à croissance rapide qui se plaît en sol léger, tolère le gel jusqu'à -10 °C, mais exige beaucoup de chaleur pour épanouir en été ces plumets qui, dans son Argentine natale, font le bonheur des oiseaux-mouches.

Ci-dessus, Colette par J. H. Lartigue, sur la plage de Pampelonne, en 1929. Ci-contre, mimosa des quatre-saisons (*Acacia retinodes*).

Bleus d'azur et violets diaboliques

CHICORÉE
CICHORIUM INTYBUS

Colette adorait les fleurs bleues mais les catalogues de fleurs de l'époque étaient pauvres dans ce coloris. Aussi, Étienne, sur ses ordres, alla déterrer de la chicorée sauvage pour la replanter au jardin. La couleur de la fleur ainsi que ses pétales ciselés et pareils à des cils resteront pour l'écrivain une référence constante, l'image même des yeux bleus. « Cette Annie, quels yeux merveilleux elle a, n'est-ce pas, mon cher grand ? Des fleurs de chicorée sauvage, écloses sur un sable brun... » (Claudine s'en va, 1903.)

Commune dans toute l'Europe et sur le pourtour de la Méditerranée, la chicorée sauvage est la forme primitive de l'endive des marchés et de la chicorée frisée. Plante médicinale depuis des millénaires, elle se fait aussi salade, mais seulement avant floraison ; ensuite, elle est amère en diable. Sa racine grillée fournit un substitut de café très prisé dans le Nord de la France.
Familière des bords de chemins, des prés secs, des champs cultivés (elle apprécie l'azote et la chaux), c'est une Composée vivace qui plaque au sol sa rosette de feuilles rudes, du plus pur style pissenlit. En juin, une tige ramifiée, chichement feuillue, à sève laiteuse, jaillit de la touffe et se constelle d'étoiles bleu ciel, piquetées au petit bonheur sur ses ramilles obliques. Sa raideur a la grâce naïve d'un dessin d'enfant. Au fil de l'été, elle continue de monter, fleurissant toujours. Elle dépasse un mètre de haut et s'épanouit jusqu'en novembre, voire en hiver par temps doux. On peut être tenté de la cueillir, mais mieux vaut être prévenu : ses bouquets ne décorent qu'à mi-temps ; passé midi, la fleur replie ses ligules.

VOLUBILIS, IPOMÉE BLEUE
IPOMOEA TRICOLOR 'HEAVENLY BLUE'

Colette l'appelait « la fleur incomparable ». Un mur du patio côté mer lui était entièrement consacré. Ailleurs, dans le jardin, elle les faisait monter le long des tiges mouvantes des tournesols. Pour Colette, le volubilis « dispense » le bleu « qui nous rend heureux ».

Dommage que ce joli nom ne soit pas vraiment le sien ! Car le volubilis de Colette — celui de notre enfance — est en fait l'ipomée bleue, et le label « volubilis » doit être en principe réservé à son cousin, le *Convolvulus major*. Pourtant, comme il lui sied, à elle qui ne manque pas une occasion d'enrouler sa tige grêle autour du premier support venu ! Volubile, elle l'est sitôt germée, avant même d'avoir quatre feuilles. Vite, elle grimpe à tout ce qu'elle trouve, pour épanouir sans tarder ses grands liserons d'un bleu irréel.
Fille du matin (quoique pas du petit matin), c'est exposée à l'est que l'ipomée donne le meilleur d'elle-même. Au nord, elle s'étiole. Au sud, ses feuilles tirent la langue. À l'ouest, ses fleurs tardent à s'ouvrir, et comme cette couche-tôt les enroule pour la nuit dès le milieu de l'après-midi, sa journée aura été brève. Elle est si belle, pourtant, qu'on le lui pardonne.
Vivace non rustique traitée en annuelle, l'ipomée bleue n'est pas difficile à cultiver, même s'il lui arrive de récalcitrer. Et l'expérience ne coûte que le prix d'un sachet de graines.

Ci-contre, chicorée sauvage.
Pages suivantes, ipomées et pétunias.

Plumbago, dentelaire du Cap

Plumbago auriculata

Le plumbago est d'un azur calme et timide de matin frais. Colette mêlait sa délicate fleur bleue à l'orange de capucines grimpantes. Elle associait souvent ces deux plantes sur les tonnelles de l'allée principale.

Comme l'indique son nom populaire, dentelaire du Cap, le plumbago (ou plombago) vient de cette région de Bonne-Espérance où le mercure ne frôle que rarement 0 °C. Rustique dans les contrées oubliées du gel, partout ailleurs il est à cultiver en pot — au jardin l'été, en serre froide ou véranda l'hiver.
Le genre *Plumbago* doit son nom au plomb, parce qu'on crut jadis ces plantes capables de remédier aux méfaits du saturnisme. Hélas, le plumbago du Cap, introduit en 1818, n'a pas davantage cette vertu que sa modeste cousine, la dentelaire d'Europe, connue des Romains. Mais sa fleur de phlox bleu a conquis les jardins méditerranéens, et l'arbuste s'y est tant plu qu'il s'est naturalisé ici et là. Son feuillage vert pâle, semi-persistant, ajoute à son charme, encore qu'on le voie fort peu durant la pleine floraison. Laissé à lui-même, le plumbago du Cap s'étale en buisson un peu fou de près de deux mètres de haut sur quatre ou cinq de large. Palissé contre un mur, un treillage, il déferle en vague végétale nimbée d'écume d'un bleu poudreux. En pot, il se contente de dimensions deux ou trois fois moindres.

Scabieuse du Caucase

Scabiosa caucasica

« … et des scabieuses pour les papillons ! », s'écrie Étienne, le jardinier de la Treille muscate, en énumérant les plants préférés de l'écrivain. Leur mauve bleuté attirait les frêles insectes, morios de velours, flambés « jaunes et rayés comme des tigres » ou machaons aux « nervures gothiques » que Colette reconnaissait, de loin, à leur vol lourd et saccadé…

Hôte de nos jardins depuis bientôt deux siècles, la scabieuse du Caucase ressemble comme une sœur à la scabieuse des prés (*S. succisa*), alias succise ou mors-du-diable. Elle en a le charme de bergère, et jusqu'aux étranges racines noires, d'aspect mordillé, « comme si le diable, enviant les vertus de cette herbe, les eût rongées, » assure un auteur anonyme du début du XVIIIe siècle. Mais si les herboristes accordent encore quelque vertu à la succise, sa sœur du Caucase se contente, pour gagner sa place au jardin, d'épanouir sans désemparer, de juin à octobre, ses grandes fleurs lavande au cœur endimanché d'un petit ruché de pétales tuyautés. Appréciées des papillons, elles tiennent étonnamment bien en vase. Discrète, la scabieuse du Caucase ne porte que quelques fleurs à la fois ; mais toute la plante est gracieuse et sa touffe de feuilles vert tendre, lancéolées à la base, finement incisées sur la tige, jette une note champêtre au jardin. En fin d'été, elle atteint 80 cm de haut, un peu moins de large, et seules les gelées ont raison de sa persévérance florale. Ses variétés proposent des coloris plus francs, telles 'Fama', à grande fleur bleu violet intense, 'Nachtfalter', bleu nuit, 'Clive Greaves', bleu clair, un peu plus basse, ou 'Alba', blanc pur.

Pétunia

Petunia

« Pour étendre la conception de tes plates-bandes, peut-être devrais-tu semer en pots des pétunias violets remontants. Leur violet diabolique sera, chez toi, comme chez lui, et cette espèce fournit une chevelure retombante, une floraison ininterrompue qui garde à mon allée modeste un air gras et bien nourri. » (à Hélène Picard, août 1933.)
Louise Lamponi, la gardienne de la Treille muscate, avait une expression bien à elle pour désigner les zinnias et les pétunias du jardin. Elle disait, avec l'accent : « Ce sont les "grands nias" et les "petits nias" de Madame Colette… »

Ce nom n'aurait jamais dû être le sien : en indien du Brésil, *petun* désignait son proche, le tabac. Solanacée comme la tomate et la pomme de terre, c'est dans l'ornement qu'il s'est lancé, et sa grande fleur évasée lui a valu un succès mondial.

Avec lui, les obtenteurs ont fait assaut de virtuosité, tant pour jouer avec les couleurs — œil sombre ou clair, veinures, étoiles, jaspures, liserés — que pour accroître le diamètre des fleurs et leur résistance au mauvais temps. Car la faiblesse du pétunia est là. Enfant du soleil, il n'aime ni la pluie qui mâchure sa robe, ni le vent qui brise ses tiges molles.
En dépit de ce léger handicap, le pétunia a fait carrière. Malgré tout, il ronronnait un peu et semblait ne plus guère devoir nous surprendre — quand a éclaté la révolution du « surfinia » japonais, avec ses immenses cascades de fleurs. Le surfinia est un pétunia qui ne produit pas de graines, ou fort peu. Libéré de ce souci, il n'a que l'obsession de fleurir, fleurir et couvrir du terrain : quelques pieds espacés de 40 cm forment au bout d'un mois un tapis à maille serrée, perpétuellement en fleur. La première génération de surfinias, lancée en 1992, était à très grande fleur et d'un violet pourpre strident. Depuis sont apparus les Mini, à fleur moyenne et de teintes plus douces, tels 'Pink Mini', rose, 'Blue Vein', bleu veiné de sombre, voluptueusement odorant, et d'autres encore, en mauve et en blanc. Le surfinia a pimenté le petit monde du pétunia, ce qui n'empêche pas ce dernier, notamment en hybrides F1, d'avoir encore de beaux jours devant lui — sans parler des derniers-nés, petits frères du surfinia, les miniatures Mission Bells.

Bougainvillée

Bougainvillea

« Je me rappelle qu'au jour levant, passé Marseille, un certain bleu teignait l'horizon, un bleu compact, solide, fermement apposé contre le ciel presque blanc. La voile neuve d'une barque le mordit, étincela, disparut. Une nappe d'un violet brûlant coula sur des murs jaunes, le long du train ralenti, et quelqu'un m'apprit le nom de cette lave fleurie : "bougainvillées". » (Prisons et Paradis, 1932.)

Une bougainvillée en pleine floraison est toujours un choc visuel : de la couleur brute en coulée vive. La tromperie n'en est pas moins là : ce qui passe pour fleur, ce sont trois bractées en oreilles de chat dansant la ronde autour de trois vraies fleurs filiformes.

La floraison dure des semaines et, chez certaines espèces, se répète par vagues plusieurs fois l'an. Partout où elles prospèrent en pleine terre, les bougainvillées sont sans rivales pour jeter de vastes taches de couleur — et un manteau pudique sur ce qui gagne à disparaître. Elles ne craignent pas, palissées, de s'élancer jusqu'à douze mètres. On en fait aussi des haies taillées ou de petits arbres sur tige à la façon des glycines. Parmi les variétés, il faut citer 'Mrs Butt' (syn. 'Crimson Lake'), carmin violacé, tout premier hybride à rompre, en 1910, avec la tyrannie du magenta pur. Bien d'autres ont suivi, telles 'Scarlett O'Hara', écarlate, 'Brilliant', rose fluo, 'Miss Manila', orange et rose, 'Jennifer Fernié', blanc pur, ou 'Raspberry Ice' (syn. 'Hawaï'), carmin, à feuille bordée d'ivoire et jeunes pousses rouge vif.
Cette dernière se prête à la culture en pot, en serre ou derrière une fenêtre ensoleillée, ainsi que d'autres, naines ou buissonnantes : 'Tom Thumb', rose fuchsia ; 'Jamaïca White', blanc veiné de vert ; 'Formosa', magenta ; 'La Jolla', rouge vif… Il existe même des cultivars doubles où quinze, vingt bractées se nouent en rosette sans la moindre fleur. Leur faiblesse est de ne pas savoir défleurir ; les bractées sèchent sur la plante et doivent être retirées à la main. On trouve enfin des variétés à feuillage panaché, ourlé ou moucheté de blanc, de crème, de rose, aussi surprenantes qu'exquises.

Couleurs flamboyantes

Dahlia
Dahlia

Avec les géraniums et les zinnias, les dahlias fournissent au jardin de la Treille muscate ses couleurs dominantes. Plantés entre les rangs de légumes, Colette les coupe allègrement pour orner quotidiennement sa table et tous les soirs, elle n'oublie pas de les arroser « à la main ».

D'aucuns jugent de bon ton d'abominer le dahlia, grossier tubercule pour jardin de retraité. Et de dénigrer pêle-mêle sa fleur apoplectique, ses tons criards, son feuillage pléthorique et son port emprunté, ligoté au tuteur sans lequel il s'écroule. Pareil dédain ne l'atteint pas ; il en a vu d'autres. Natif d'Amérique centrale, il était déjà cultivé, comme plante vivrière et ornementale, à l'époque précolombienne. Introduit à Madrid en 1788, il arrive en France quelques années plus tard (la période est agitée) et le Jardin des Plantes de Paris croit tenir en lui une plante comestible : les Indiens ne consomment-ils pas ses tubercules ? Las ! le goût est jugé amer et passablement douteux. Qu'à cela ne tienne. La fleur est jolie, et se renouvelle de juillet aux gelées. Le dahlia — ainsi baptisé en hommage au Suédois Dahl, élève de Linné — entame sa carrière horticole.
Dès lors, il va faire l'objet d'hybridations intensives et, dans les années 1800, d'un culte à peine moins fou que celui de la tulipe deux siècles plus tôt. Aujourd'hui encore, les obtenteurs ne s'ennuient pas avec le dahlia. Résultat : n'en déplaise aux grincheux, il a pris tant de formes diverses qu'il a de quoi séduire même ceux qui croient ne pas l'aimer. Loin de ne porter que des fleurs choux, il sait les faire toutes fines, en oursin, en étoile, en anémone, en lotus. Il sait se parer de tons pastels et revêtir un feuillage élégant, pourpre ou délicatement découpé. Il sait même se passer de tuteur dans ses variétés basses. Au vrai, le monde du dahlia est si vivant, si divers qu'il serait vain de citer des variétés. Le mieux est de se plonger dans un catalogue spécialisé, de rêver un peu — et de commander !

À gauche, dahlias cactus ; à droite, dahlia à fleur de nénuphar.

ZINNIA
ZINNIA ELEGANS

La petite chienne Souci et sa maîtresse aimaient toutes deux les zinnias. L'une en avait fait une habitude purgative et l'autre cachait derrière leur bouquet « tout feu et flammes » le bloc de papier bleu à couvrir de son écriture... Les « grands nias », « infatigables, tous célébrant la gloire de la fleur parfaitement ronde », étaient la parure privilégiée de ce petit enclos provençal que Colette voulait avant tout coloré, résistant et modeste.

C'est vrai qu'il est plus rond que rond. Tracé au compas, rutilant. Le lui a-t-on assez reproché ! Et cette tige en baguette de tambour ; a-t-on vu raideur pareille ? Pauvre zinnia, il n'a plus la cote. Les *cognescenti* le dédaignent. Trop clinquant. Vulgaire. Vulgaire, lui que ses découvreurs avaient qualifié d'*elegans*, lui que les années 1950 encore s'efforçaient de rendre plus rond, plus large, plus géométrique et tout pimpant de coloris variés !
Variés, un peu trop sans doute, surtout dans un même sachet de graines. Oh, il a toujours eu sa place dans les jardins peu soucieux de mode, ceux où tous les tons de la palette règlent entre eux leurs comptes mutuels. Mais pour qui préfère, dans ses plates-bandes, voir la paix régner entre les teintes, les grainetiers offrent à nouveau le grand zinnia en coloris séparés. 'Purity' est aussi neigeux que le promet son nom, 'Hallo' s'affiche en écarlate, 'Bright Rose' est lumineux et pur, et comment résister à 'Envy', d'un vert chartreuse sophistiqué ? Mieux, quelle autre annuelle peut se targuer de fleurir avec autant de constance de juillet aux gelées, d'atteindre près d'un mètre de haut sans réclamer l'ombre d'un tuteur, de se gausser de la sécheresse et de tenir quatre semaines en vase ?

CANNA, BALISIER
CANNA X GENERALIS

« Le jardin et la maison dormaient et la petite porte de fer ne grinça pas. Des roses trop mûres, des pavots joutes, les premiers balisiers à gosiers de rubis, des mufliers sombres brûlaient, par bouquets isolés, sur les pelouses. » (La Chatte, 1933.)

Le canna aime à être vu ; ce n'est pas parce qu'il est grand qu'on lui fera jouer les fonds de tableau. Il vient d'Amérique tropicale et n'en fait pas mystère. Son feuillage plantureux ne craint pas la couleur, du vert franc au brun chocolat en passant par le bronze, l'acajou, le pourpre, et ses fleurs irradient dans des tons presque fluo, quand elles ne sont pas tigrées, marbrées, jaspées, mouchetées. Le canna exige le plein de soleil, beaucoup d'eau, et déteste les vents violents. On peut le cultiver en grand pot, mais gare ! c'est un insatiable. Parmi les variétés à feuilles vertes, 'King Midas' (1,20 m) fleurit jaune d'or et 'Oiseau de feu' (0,90 m) écarlate. Dans les feuillages bruns ou pourpre, 'Di Bartolo' (1,20 m) fleurit rose vif et 'Red King Humbert' (2 m) vermillon. 'Cléopatra' (1,30 m), à feuille tachée de noir, zèbre sa fleur rouge et jaune. Les plus nains sont sans doute 'Grumpy' (0,50 m) à fleur rouge, et 'Ambrosia' (0,50 m), rose intense. Mais chaque année voit éclore de nouveaux cannas.

Double page suivante, capucines.

Tournesol
Helianthus annuus

« Buvant le soleil, formés de son image », les tournesols « à larges faces, dont le cœur est un gâteau de miel noir » furent plantés à la Treille muscate pour servir de tuteur au volubilis et de nourriture aux rossignols des murailles.

C'est la version géante, façon Nouveau Monde, du souci du Vieux Continent. Même famille, même faculté de surgir dans les terres fraîchement retournées, même tête ronde (seule l'échelle diffère), même tendance à s'orienter sur le soleil. Tous deux portent d'ailleurs le soleil dans leur nom. Rapporté du Pérou en 1596, le tournesol annuel a été le premier *Helianthus* à toucher la terre d'Europe, quelques années avant le topinambour, *H. tuberosus*, et suivi de loin par les variétés vivaces aujourd'hui familières.
Les hélianthus sont exclusivement américains. Longtemps avant l'arrivée de Colomb, les Indiens cultivaient le tournesol, tant pour sa beauté que pour ses usages variés. Chez les Aztèques, sa fleur fournissait des teintures : jaune vif pour les pétales, bleu sombre pour la graine. Les fibres de la tige servaient à la vannerie et, bien sûr, les graines riches en huile nourrissaient hommes et bêtes — ces graines que Colette laissait sur la plante, pour le plaisir de voir les oiseaux s'escrimer à les extraire. Les cultivars décoratifs aujourd'hui préférés au jardin, pour leur fleur plus gracieuse et leur encombrement réduit, sont moins prodigues de leur graine d'ailleurs plus menue, mais certains sauront régaler les oiseaux comme le jardinier, tels 'Floristan' (1,20 m) aux pétales brun-rouge à pointe paille, 'Sunbeam' (1,50 m), jaune à disque vert, ou 'Valentine' (1,50 m), jaune clair à disque noir, et bien d'autres, d'or et de cuivre.

Capucine
Tropaeolum majus

Colette avouait aimer les capucines après les pluies d'orage, car elle allait boire dans la coupe de leurs feuilles rondes la pluie qui y roulait « en vif argent ».

Voilà une plante qui aura enflammé les imaginations ! Son nom latin est dû à Linné, qui a vu dans sa feuille un bouclier, dans sa fleur un casque maculé de sang et dans la plante entière un trophée (*tropaeum* en latin). Mais d'autres ont vu dans sa fleur un capuchon de moine, d'où son nom de capucine. Rapportée du Pérou par les conquistadors, elle est spontanée sur toute la façade andine. En France, où elle se répand au XVIIe siècle, on la trouve bientôt partout. C'est que tout est bon en elle. Associée à la pomme de terre, la feuille donne de savoureux potages (bien laver avant cuisson, pour éviter la soupe au puceron). La fleur égaie les salades et leur prête sa fraîcheur piquante. La graine encore verte, confite au vinaigre, n'a rien à envier à la câpre. La plante entière est très prisée en médecine populaire pour sa teneur en soufre, et l'on a isolé chez elle un antibiotique doux. Mais plus que tout, la capucine respire la joie de vivre avec sa fleur de feu, épanouie de juin aux gelées, et sa grande feuille ronde qui capte la rosée.
La capucine annuelle se présente sous trois formes, grimpante, demi-naine ou naine. Grimpante, elle est d'une vitalité confondante. À réserver aux grands espaces et aux sols pas trop riches, sans quoi le feuillage l'emporte sur les fleurs. Le pied d'une haie vorace convient idéalement. À la première gelée, arracher ses mètres de haubans ; ces longues tiges mortes n'ont rien de réjouissant. Chez les demi-naines (50 cm) et les naines (20 cm), la palette est plus variée, du crème à l'écarlate en passant par l'abricot, l'orangé, le jaune et le vermillon, et la fleur est plus dégagée du feuillage. Si vous désirez, comme Colette, adjoindre des capucines au plumbago, préférez la variété orange pâle 'Apricot Gleam'.

Œillet d'Inde

Tagetes patula

Colette bâtit son jardin en strates de couleur et, « au premier plan », plaça l'indispensable œillet d'Inde « peint aux couleurs des ravenelles sauvages et des abeilles ».

Il n'est ni œillet, ni d'Inde — il est d'Inde comme le dindon, de l'Inde de Christophe Colomb. Plus justement, c'est un tagète, Composée d'Amérique centrale à dominantes jaunes et orangées, avec des incursions vers le rouge, le brun, l'acajou. Il joue à l'infini sur la façon de peindre ses pétales, de les découper, de les assembler. Macules, liserés, striures, chignons, frisettes et ruchés, il aura tout essayé. Souvent double, il sait aussi se faire fleur des champs, il l'a prouvé ces dernières années, au point de séduire des jardiniers qui pourtant s'étaient juré de ne jamais planter cette petite annuelle pour rond-point municipal.

Son feuillage lacinié dégage une odeur forte, entre musc et résine, odieuse pour certains, délectable pour d'autres. Sa compagnie semble réussir à divers légumes du potager, que les parasites naviguant à l'odorat manquent à repérer. Une aubaine pour le jardinier, d'autant qu'à cet effet bénéfique s'ajoutent les principes insecticides fabriqués par ses tissus. Ses racines en particulier élaborent une substance fatale aux nématodes, vers sinistres qui signent l'arrêt de mort de végétaux choyés. Hélas, ce pouvoir n'agit pas à distance, mais une plantation serrée nettoie le sol efficacement pour plusieurs mois. On trouve l'œillet d'Inde en prêt-à-planter, mais le semis maison permet de s'offrir les petits cultivars simples encore rares, d'un optimisme à toute épreuve jusque sous le déluge.

Fruits du soleil

FIGUE
FICUS CARICA

« À partir du jour où la première "figue seconde" est mûre, vous pouvez compter que chaque matin une autre, dix autres figues secondes vous tombent dans la main, molles, le col infléchi, avec leur œil de faisan au derrière, et sur leurs flancs les rayures parallèles qui fendillent leur tendre peau violette ou grise. Les premiers jours, on ne s'en rassasie pas. Qu'est-ce pour notre appétit que six, que dix, que douze figues encore froides de la nuit, qui s'ouvrent par moitiés et rouges au-dedans comme la grenade ? Elles n'ont pas encore tout leur miel, et se font d'autant plus faciles à la bouche. »
(Le Fanal bleu, 1949.)

La figue seconde, c'est la figue d'automne, celle qui se forme et mûrit dans l'année, par opposition à la figue-fleur, qui naît en fin d'été à l'aisselle des feuilles, somnole tout l'hiver, puis se développe pour mûrir l'été suivant. La figue seconde — la plus savoureuse — est le luxe des longs étés chauds ; les étés brefs ne lui accordent pas le temps d'arriver à maturité. En région fraîche, seule la figue-fleur, qui s'y prend tôt pour se gorger de soleil, a quelque chance de mûrir... si le gel l'épargne.
Là n'est pas la seule originalité du figuier. Cultivé depuis des millénaires, il a longtemps tenu secret son mode de fructification. « Il produit des fruits sans produire des fleurs », assure une flore lyonnaise de 1719. On sait aujourd'hui que c'est l'inverse : il produit des fleurs, pas toujours des fruits. À mieux y regarder, les fleurs se serrent par centaines au cœur de ce que nous prenons pour fruit. Quant aux vrais fruits, ce sont les petits grains qui crissent sous la dent — les graines sont à l'intérieur.
Verte ou violette, rosée, dorée, presque blanche ou presque noire, sa robe varie à l'infini, et sa chair hésite entre blanc de lait et pourpre foncé. De quoi satisfaire tous les goûts, mais pour qui veut récolter ses figues ailleurs que dans le Midi, le choix de la variété est crucial. 'Rouge d'Argenteuil' ('Violette Dauphine') porte un gros fruit vert violacé, et sous la peau épaisse la chair est rose, sucrée, parfumée. Elle accepte bien la culture en pot. 'Blanche d'Argenteuil' ('Versaillaise Blanche') est plus petite et sa peau fine, jaune-vert, cache une chair claire très sucrée. Plus rare, 'Fleur de Rouge' donne de gros fruits bruns lavés de violet, sirupeux, en forme de poire ; elle aussi se plaît en pot. Enfin, les jardiniers du Midi savent que la 'Bourjassotte' (ou 'Barnissotte' ou 'Noire de Sollies') à chair grenat sous une peau noirâtre est la princesse des figues d'automne.

ORANGE
CITRUS SINENSIS

L'odeur de l'oranger en fleurs « n'a point de repos », « défait tous les courages » et « affadit, au milieu du jour, l'appétit ». Son fruit suscite la salive rien qu'à le nommer. « D'ailleurs, tel qui ne bronche pas devant une plaque de chocolat faiblit à l'idée d'une fraîche orange parée encore d'une petite feuille à sa queue. J'avoue que je suis de ces derniers. » (Flore et Pomone, 1943.)

Voir fleurir l'oranger au jardin et en déguster les fruits : luxe rare et réservé, par définition, à la « zone de l'oranger », étroite frange côtière entre Monaco et Toulon à laquelle s'ajoutent le pourtour de la Corse et une petite longueur de côte aux environs de Perpignan. C'est que Sa Majesté l'oranger doux est délicat. Il déteste le froid et exige la chaleur — encore qu'il réprouve la canicule : au-dessus de 38 °C, sa végétation est stoppée aussi sûrement qu'au-dessous de 12 °C. Le paradis, pour lui qui se moque des saisons et porte à la fois fleurs et fruits, ce serait une température de 25 °C toute l'année. L'oranger en pot des régions fraîches offre ses fruits aux yeux plutôt qu'aux papilles (au contraire du citronnier, moins exigeant en chaleur). Mais la fleur compense par son parfum de néroli, doux, presque trop, et il suffit de fermer les yeux pour se croire dans une orangeraie, sous un ciel d'un bleu infini.

Le jardin imaginaire

Un écrivain sans jardin...

Page de gauche, Colette dans son jardin de Méré en 1939. En bas, au Claridge en 1931.
« Quand elle entrait dans un jardin inconnu, je lui disais : "Tu vas encore le manger !" » (Maurice Goudeket, 1956.)
Double page précédente, le Palais-Royal au printemps.

Colette emménage, au mois de janvier 1938, au premier étage du 9 de la rue de Beaujolais, qu'elle convoite depuis de nombreuses années. Mais le « préau » a beau être « magnifique », la situation exceptionnelle, et le Palais-Royal une « merveilleuse province », ce jardin historique niché au cœur de Paris ne l'empêche pas de rechercher avec constance une maison en île-de-France. Colette ne peut vivre à Paris qu'entre « deux bolées de campagne » car la campagne, dit-elle, « c'est la vie, la vraie vie ». Bientôt cette respiration ne lui sera plus permise. Alors, depuis son radeau, entre ses bouquets de fleurs, d'objets et de mots, elle voguera désormais vers des jardins imaginaires...

À la recherche d'un jardin

Colette avec son jardinier dans sa propriété, « Le Parc », à Méré, retrouve instinctivement ses réflexes de jardinière.

Comment Colette pourrait-elle se passer d'un jardin après l'heureuse expérience de la Treille muscate ? Pourtant à Saint-Tropez, les touristes voyeurs menacent de plus en plus son paisible éden, forcent sa grille, tentent d'apercevoir derrière ses frêles défenses la figure de l'écrivain. C'en est trop ! En 1938, elle accepte de vendre son oasis provençale à Charles Vanel, au grand désespoir du jardinier Étienne qui verra, en quelques mois, le comédien ruiner le jardin, élaguer les arbres et anéantir le fruit de tant de soins attentifs.

Déjà, en 1930, elle avait pu étancher sa soif d'air pur, chaque fin de semaine, près de Montfort-l'Amaury, dans une propriété nommée « La Gerbière », accotée à la forêt de Rambouillet, achetée en commun avec son mari Maurice Goudeket. Deux façades croisées en angle droit d'une petite demeure bourgeoise abritaient un jardin de rosiers et « une autre partie de la propriété avançait comme une proue vers un vaste paysage qui, plongeant tout à coup dans la vallée, déployait au loin un immense ciel toujours en mouvement[8] ». Un jardin fermé, à la mesure humaine, une perspective ouverte, encadrée d'arbres, ainsi se trouvaient une nouvelle fois réunies les caractéristiques essentielles du jardin aimé par Colette.

Sa première attention fut pour les animaux. « La maison ne contenait pas un meuble que déjà les oiseaux étaient pourvus, et qu'une profusion de noisettes s'offrait à d'hypothétiques écureuils[9] ». Colette avait fait venir spécialement d'Auxerre des nichoirs classiques, « en tronc de bouleau satiné, non écorcé, percés d'une entrée ronde ». Aussitôt mis en place, les nids de fortune accueillaient les mésanges. « C'est tout juste si la miraculeuse créature, peinte de bleu céleste, rehaussée de vert saule et de jaune jonquille, eut la patience d'attendre que le nid fût cloué au tronc d'un orme, que l'échelle fût retirée. Elle s'élança, s'attacha verticale à la bûche de bouleau, hésita brièvement, interrogea le ciel et nos présences… Puis elle se jeta dans le nid la tête la première, sortit, rentra, sortit, appela sa compagne… »

Colette ne profitera pas assez longtemps de cette « maison proche de la forêt » pour en garder de nombreux souvenirs. Seul un « esprit-du-lieu », « l'homme-de-journée », monsieur Sudre, jardinier et analphabète, restera longtemps gravé dans sa mémoire comme une personnalité singulière et attachante. « Que je me sentais pauvre quand il me parlait ! Dans sa bouche, les noms de l'oiseau, de l'arbre et de l'herbe, les chroniques de la forêt s'ajustaient à leur objet comme l'abeille à la fleur. » Maurice Goudeket témoignera de leur connivence : « Souvent Colette et lui, la figure éclairée d'un même sourire complice, se livraient ensemble à d'étranges boutures, ou préparaient, je ne sais à quel usage, des drogues maléfiques ». Vingt ans plus tard,

« Mon Hélène, je reviens de deux jours de campagne. Bain de vert, de hautes herbes, de marais sous-bois, d'orties, de muguet. » (à Hélène Picard, 1931.)
À gauche, delphinium, pied d'alouette ; à droite, jacinthes sauvages (*Hyacinthoides non-scripta*).
Ci-dessous, delphiniums en compagnie d'osteospermums (en haut) et de félicias (en bas).

Colette se souviendra du « plus aimable illettré » qu'elle eût connu. À un journaliste qui lui demandera de citer le personnage qui, parmi ses nombreuses rencontres, l'a le plus vivement intéressée au XXe siècle, elle répondra sans hésiter : « L'homme qui m'a le plus épatée dans ma vie, c'est M. Sudre ! » Devant la perplexité de son interlocuteur, elle précisera : « Il savait tout ! Il connaissait tous les cris d'oiseaux, toutes les fleurs. Il vous prédisait la pluie ou le beau temps. Et les insectes n'avaient aucun secret pour lui. Il ne savait ni lire ni écrire… Mais ça ne fait rien… Sudre… S-u-d-r-e… Oui, c'est vraiment le père Sudre qui m'a le plus émerveillée dans la vie !… »

En 1939, Colette se laisse à nouveau séduire par une glycine drapant sur plus d'une soixantaine de mètres un long mur de clôture. « Le Parc » à Méré comportait une « petite maison sans style ni grâce, devant laquelle s'éployait un cèdre aux bras puissants, un grand potager et un très beau jardin qui méritait le nom ambitieux de parc qu'il se donnait[10] ». Colette commence aussitôt à jardiner, scie de vieux pommiers, se promène le long de son « chemin de ronde », ramasse les premiers narcisses de ses sous-bois mais n'a pas le temps de s'installer. La guerre éclate, anéantissant tout projet de déplacement. « Le Parc » est revendu en 1941. « Je n'y ai installé que des rêves, et point de souvenirs, par chance », confie-t-elle à ses amies de Nantes. Cette maison n'a pas eu le temps de capter son cœur. « Le jardin… oui, je regretterai un incomparable jardin », avouera-t-elle.

« Les sécateurs claquent du bec dans les jardins.
Enfermez-moi dans une chambre obscure, ce bruit-là y porte
quand même le soleil d'avril, piquant à la peau,
traître comme un vin sans bouquet. »

Jardins prisonniers

De retour d'une « orgie » de jardin, Colette a jeté sur son fauteuil brodé au petit point canne et chapeau, et bouquet de centaurées.
« J'ai pour les jardins clos un amour indiscret. »
(*Flore et Pomone*, 1943.)
En bas, Colette se promenant, chaussées de ses fameuses sandales tropéziennes.

Entre ces deux jardins éphémères, Colette reste fidèle à ses longues promenades en forêt de Rambouillet dont elle revient avec des brassées d'anémones, de jacinthes sauvages, de muguet ou de digitales, gavée de fraises des bois, pour oublier pendant quelques heures l'alignement sévère des immeubles citadins, « maison[s] de rapport » érigées soudainement qui ont « la forme et l'importance d'une affreuse dent neuve ». De sa voiture, elle guette la moindre feuille, la moindre porte entrouverte sur un jardin secret, « aménagé comme un salon trop petit » ou l'un de ces « potagers étriqués, qui font tout ce qu'ils peuvent » et s'y engouffre loin du regard des curieux. « Combien de jardins prisonniers dans Paris m'ont livré leurs secrets ? Je ne volerais pas une fleur, j'ai rarement dérobé un fruit ; mais j'ai pour les jardins clos un amour indiscret. » Un pétale chu sur le trottoir « comme une aile perdue » devient pour elle un indice précieux. Au fond du XVIe arrondissement, elle découvre « une sorte de profond paradis provincial » où des pommiers en cordons entourent un péristyle Directoire ; ailleurs, c'est « un reste de terrasse dallée et des planches de légumes » qui la ravissent, ou encore elle se réfugie dans « trois mille mètres de jardin inculte, de noisetiers, d'églantiers, de tilleuls » qui seront bientôt le lot des promoteurs. Elle se faufile dans les arrière-cours, guidée par l'air mielleux des arbres en fleur, se glisse comme un chat dans les décombres d'une maison en démolition pour arriver derrière un mur jusqu'à un îlot de verdure. « À qui le jardin, les marronniers, le perron moussu, le chat, les persiennes closes ? À moi, pour une bonne part, puisque tout est désert, ouvert, confiant, assoupi, puisque le maçon prend ses vacances et que le chat me parle et qu'une petite valériane

« Le type du jardin pour grandes personnes, c'est le Palais-Royal », écrivit Colette, mais « c'est un curieux désert » et « je m'y trouve fort bien ».
Ci-contre, pensées à macule.

rouge se laisse cueillir. » Maurice Goudeket se souvient : « Quand elle entrait dans un jardin inconnu, je lui disais : "Tu vas encore le manger" [...] Elle écartait les sépales des fleurs, les scrutait, les flairait longuement, elle froissait des feuilles, les mâchait, léchait des baies vénéneuses, des champignons mortels, réfléchissant intensément sur ce qu'elle avait senti, goûté [...] Elle était toute pareille à une bacchante après des libations », conclut-il. Consciente que ces jardins miraculeux sont menacés, Colette admire et encourage chaque fois qu'elle le peut l'armée de vaillants jardiniers qui veillent encore sur eux et préservent Paris de « la tristesse cubique, de l'ombre quadrangulaire des immeubles ».

Après ces promenades dans un Paris changeant, Colette retrouve le calme écrin du Palais-Royal. La guerre est là, ses premières crises d'arthrose commencent à se manifester, elle comprend que son dernier jardin est désormais celui qui s'étale chaque matin sous ses fenêtres. « Dans un autre quartier, les locataires, chaque jour, essuieraient un pleur de souci, mais ici nous habitons le Palais-Royal, majestueux édifice ensoleillé, monument qui enserre tendrement un rectangle de verdure, au centre duquel une pièce d'eau ronde tantôt brille comme un chaton de bague, tantôt élève dans l'air un bouquet de douze panaches d'argent et d'arc-en-ciel. » Avec ses rosiers et ses charmilles d'ormes, « ses pelouses bleues d'une rosée d'arrosage », ses bordures d'héliotropes, d'anthémis jaunes et de géraniums, ou bien son « accord rouge, rose et violet » qui l'« honore » en septembre, le jardin parisien résonne parfois des mêmes bruits qu'un autre jardin. « Cette semaine, pour moi, le jardin du Palais-Royal plonge et dissout la base de ses colonnades, le front crépu de ses ormes en charmilles dans un mirage provincial, à la faveur du bruit des sécateurs. Claquements des becs d'acier, auxquels répondait le rire sec des geais... Je ne connais pas de sons plus printaniers, d'annonciateurs plus précis. »

« Le sentiment d'attente ne s'ajuste qu'au seul printemps. » (*L'Étoile Vesper*, 1946.) Pages suivantes, « C'est un plaisir doux à l'écrivain que de regarder, dans un gobelet de cristal, renaître une tulipe. » (*Aventures quotidiennes*, 1924.) Ci-contre, rose ancienne.

Le dernier jardin

Ce jardin, qu'elle surplombe de son balcon comme jadis le jardin de Sido du haut de son noyer, elle ne peut le modeler à sa guise, l'ordonnancer selon ses désirs. Le dernier lieu dont elle puisse disposer est son appartement : il deviendra un jardin, jardin symbolique, jardin imaginaire. En énumérant ses objets familiers de prédilection, on s'aperçoit que tous ont été soigneusement choisis pour leur couleur, leur forme, leur rapport direct ou indirect avec la nature et répartis selon une harmonie calculée pour le bien-être qu'ils pourront procurer tout au long de l'année, comme les fleurs dans les massifs d'un jardin. Colette, toujours attentive aux points cardinaux, est d'abord soucieuse de son orientation. Ses fenêtres s'ouvrent plein sud, c'est un choix délibéré, car « les pièces exposées au sud fleurent toujours un peu le blé battu, le grenier chaud ». La couleur ensuite fait l'objet de toute son attention. Comme dans le jardin de la Treille muscate, il n'y aura pas de couleur dominante dans l'appartement de la rue de Beaujolais car Colette compte sur « le hasard » pour engendrer « des chocs joyeux ». Elle privilégiera les teintes fortes car les couleurs pâles, trop fades, ne valent rien « pour l'esprit ». Le vert est omniprésent, du vert Nil au vert « assez sombre [aux] reflets vaguement bleutés » des rideaux de velours, qui procure l'effet d'une apaisante « longévité ». Le velours rouge doit aussi apporter ses « ressources d'optimisme » à condition de ne pas lui faire côtoyer « l'hygiénique » blanc cru qui « affame le cerveau ». Enfin un « vieux jaune » à « l'abord grognon, engendre à la longue un bien-être moral inattendu », ainsi que les « roses un peu tannés, brunis et quelques dérivés de l'écarlate ». Le bleu qui reste irrémédiablement le bleu de l'azur ne peut jouer en ameublement « qu'un rôle accidentel », limité à la présence d'une lampe, d'un fauteuil crapaud ou d'un rideau. Le papier peint de chez Dumas représentant des fleurs et des oiseaux la suit depuis plusieurs déménagements et s'installe en fidèle compagnon sur les murs ancestraux de l'appartement du Palais-Royal, escorté des habituelles cretonnes anglaises à grosses fleurs.

Comme elle bannissait en Provence toute présence humaine dans son jardin, elle refuse pour ses murs toute représentation humaine, redoutant, explique-t-elle, « l'excès de vie humaine qui demeure attaché à la toile ». « Il s'agit là d'une mesure de sûreté qui confine à l'exorcisme en écartant le trouble, l'incommodité où me plongent le regard peint, la vivante main peinte de mon semblable. » Elle se réfugie « dans la compagnie du végétal » et « presque exclusivement de la fleur ». Tous ses amis peintres connaissant cette préférence ne lui offriront que des « portraits » de fleurs ou de fruits[11]. Même la lumière artificielle qu'elle dispense grâce à de nombreuses lampes en porcelaine ne surgit que de troncs finement rehaussés de fleurettes. À Paris, Colette a aussi sa « chambre-à-coucher-dehors ». Elle dort le plus souvent la fenêtre grande ouverte — au grand dam de sa gouvernante Pauline qui trouve qu'en début de printemps, « ce n'est pas sain ». Mais Colette, incorrigible, aime voir la lune s'avancer « à pas de chat », étirer « une griffe blanche » sur son lit et se délecte de l'odeur du brouillard qui emplit sa chambre à l'aube.

« La fleur
n'est pas explicable,
ni son influence
sur nous. »

En compagnie des fleurs

Colette recrée autour d'elle la « couleur mentale » qui lui est chère : l'hiver, la « dansante lueur » du feu s'anime dans sa cheminée et, par tous les temps, le « parfum polychrome » des fleurs imprègne l'appartement. Les bouquets de fleurs fraîches sont omniprésents. « Des roses rouges dans un baquet. Des tulipes cramoisies, veinées de blanc, narcisses, roses trémières et lilas » s'épanouissent chaque mois chez elle au fil des saisons. Tous les fleuristes du quartier la connaissent. « Colette arrange des fleurs dans des vases (on lui en a apporté toute une voiture) », témoigne son ancienne secrétaire, Claude Chauvière, à qui elle enseigne ses trucs : « Vois, le bouquet de violettes que tu m'as apporté ; je le prive d'eau pour qu'il exhale tout son parfum. C'est cruel, mais nécessaire. » Offerts le plus souvent par des amis ou des admirateurs, ces bouquets trônent quotidiennement sur sa table de travail et deviennent des compagnons familiers, aussi nécessaires que la chaude présence de son chien ou de son chat. Elle observe les premiers signes de leur renaissance dans un vase, leur propension à boire plus ou moins rapidement l'eau, surprend leur moindre frémissement, goutte la perle de rosée qui point en leur cœur, découvre derrière un pétale une invitée surprise sous la forme d'une coccinelle ou d'une abeille, et soupçonne à la moindre modification de leur carnation leur évanouissement prochain. Une fleur qui surgirait sans les prémices de la feuille et du bouton, « bref sans projets », sans « avenir ni lendemain », ne serait qu'une « moisissure », car tout son charme réside dans sa promesse : « seule la fleur a son sexe, son secret, son apogée ». Les camélias « boivent très bien », « ne tolèrent aucune compagnie et veulent rester seuls dans un vase » ; les anémones « ressuscitent [...] par bonds », d'un geste « d'une décision magnifique » ; « l'iris asymétrique hésite, déchire sa soie par langues impaires ; la rose étouffe parfois dans son corselet » ; la jeannette « est une grande buveuse » ; la pivoine « se défleurit d'un coup, délie au pied du vase une roue de pétales ».

« Tous nous tressaillons lorqu'une rose, en se défaisant dans une chambre tiède, abandonne un de ses pétales en conque, l'envoie voguer, reflété sur un marbre lisse. Le son de sa chute, brès bas, distinct, est comme une syllabe du silence et suffit à émouvoir un poète. » (*Flore et Pomone*, 1943.)
Ci-contre, bouquet de digitales blanches et de pivoines.
En haut, Colette en 1952.

(17/5/1942)

Oh ! mais oui je suis contente que tu me fleurisses et que tu m'embrasses, grand Claude ! Ne viens pas tout de suite, je suis trop laide et je ne peux pas parler, j'ai pris un coup de chaleur, mal aux amygdales, et derrière les oreilles, et fièvre. Fais-moi téléphoner par Seyes dans deux ou trois jours.

Je t'embrasse

Colette

Lettre de remerciement de Colette à Claude Farrère écrite de la main d'une « ex-jardinière », comme elle se qualifiait elle-même.
« Si le végétal vivant, pendant les mois torrides, nous est nécessaire à l'égal d'un aliment, c'est qu'il contient et engendre un trésor inépuisable de courbes. » (*Aventures quotidiennes*, 1924.)

Mais Colette est moins sensible à leur mort qu'à leur éclosion, moins soucieuse de leur beauté que de leur naissance. « Quand elle s'occupait des fleurs, ce n'était pas seulement, comme nous le faisons, pour les conserver belles aussi longtemps que possible. Il s'agissait d'abord de sauver, de soutenir une vie, il s'agissait de pitié, d'amour », raconte Maurice Goudeket. Aussi vibre-t-elle au « soupir victorieux des iris en travail », à l'arum « qui grince en déroulant son cornet », au pavot « qui force ses sépales verts un peu poilus avec un petit "cloc", puis se hâte d'étirer sa soie rouge sous la poussée de la capsule porte-graines, chevelue d'étamines bleues », à « la corne verte » qui surgit d'un bulbe qu'on croyait endormi. « Je reste froide à l'agonie des corolles. Mais le début d'une carrière de fleur m'exalte. » « Qu'est la majesté de ce qui finit, auprès des départs titubants, des désordres de l'aurore ? » conclut-elle.

Le désir de possession d'un jardin ne s'est jamais éteint chez Colette. Ce désir de vie, de voir naître la vie, de la susciter lui est obsessionnel et s'accompagne d'un souci permanent d'apprendre, « non pas ce que les livres enseignent, mais ce que la vie animale ou végétale offre à tout moment de poignant ». Cette observation de la nature, cette leçon, ce mystère, cette énergie sont au cœur même de la création littéraire de Colette qui reconnut n'avoir eu que deux sources d'inspiration : « la nature et l'amour ».

Aussi le « démoniaque » pot de basilic, les fraisiers 'Docteur Morère', la « glycine en caisse », les « rouges géraniums », la « menthe crépue » et la « mélisse des abeilles » élevées en pots sur tous les balcons de la capitale qui voulurent les accueillir au fil de ses déménagements, et furent « une part, et non la moindre, de [sa] pâture sentimentale », débarquent avec elle entre les balustrades du Palais-Royal. « J'avais installé sur ma fenêtre trois pots diversement ensemencés. La journée n'était pas finie que je voyais monter… un sergent de ville muni d'une interdiction qui date de 1806 ».

« Plus que toute autre manifestation vitale,
je me suis penchée, toute mon existence, sur les éclosions.
C'est là que réside le charme essentiel,
mieux que dans la mort qui n'est qu'une banale défaite. »

Le jardin symbolique

Le jardin de pots devenu lui aussi prohibé, Colette va se constituer petit à petit un jardin imaginaire. Les exploits horticoles de ses visiteurs sont pour elle un régal, comme l'étaient les conversations passionnées qu'elle entretenait avec ses anciens jardiniers Étienne Asteggiano ou M. Sudre. Colette est à l'écoute de tout nouveau prodige. Une de ses amies notamment, surnommée « la grande Marcelle », lui procure toujours un coup de vent frais. Elle arrive de son jardin de Saint-Cloud encore tout imprégnée de la « maraîchère odeur du fumier et de l'herbe tondue » et, « tricolore comme une fraîche paysanne, l'œil bleu, la dent blanche et la joue rouge », pose au milieu des sulfures les rondeurs vivantes de ses tomates, tend des bouquets de « vive odeur » d'estragon, de cerfeuil, de persil et de thym « à fleurs mauves » en lui racontant sa dernière invention : des cages vivantes pour les oiseaux. Colette est aux anges ! D'un bosquet de troènes, cette jardinière inventive a « évidé aux cisailles tout le milieu de chaque touffe, en respectant une bonne épaisseur tout autour, [...] défeuillé toutes les branches, [...] entrelacé les branches coupées et les branches debout », ménagé « quelques petites lucarnes, [...] passé des baguettes transversales à l'intérieur, les unes pour servir de perchoirs, les autres pour soutenir des abreuvoirs et des mangeoires » et achevé le tout « en dôme ». « Et que disent les oiseaux, Marcelle ? » demande Colette. « Les oiseaux ? Ils en ont tellement dit qu'ils n'ont presque plus rien à dire. Je n'avais pas fini la première cage qu'ils avaient compris. Si vous aviez entendu ce vacarme d'oiseaux... Et des conciliabules, et des avis contradictoires... Je passe mon temps avec eux. J'ai vu trois sortes de mésanges, du bouvreuil, du pinson, d'autres que je ne

Sulfures, ludions et autres presse-papiers, naïfs jardins figés, forment désormais pour Colette les plantes d'un potager de cristal établi sur le rebord de la cheminée, telle « une voie lactée de bulles »...
En bas, Colette par Robert Doisneau en 1950.

À gauche, bouquet de lychnis et silènes roses.
Double page suivante, sur le radeau, fouillis d'objets propres à susciter le rêve chez Colette : graines diverses, pages d'herbier, cornuelles poyaudines et fruits porte-bonheur du raphia (à gauche). Colette en 1939 (à droite).

connais pas. Mon chat me fait une drôle de tête. Il doit se dire que je n'entends rien à la construction d'un piège. »

Entre ces visites, Colette devient une lectrice assidue des catalogues de graines et autres livres de jardinage qu'elle lit avec délectation. «… Si j'avais un jardin. Or, il se trouve que je n'ai plus de jardin. Ce n'est pas terrible de n'avoir plus de jardin. Ce qui serait grave, c'est que le jardin futur, dont la réalité n'importe guère, fût hors de mon atteinte. Il ne l'est pas. Un certain craquètement de graines sèches dans leur sachet de papier suffit à m'ensemencer l'air », avoue-t-elle comme un péché de gourmandise. Tout est sujet à émerveillement et elle échafaude son jardin de curiosités. Les variétés des noms de légumes la font s'esclaffer : « Pied court ! Tête de fer ! Obtuse ! Naine, métisse ! Phénomène ! Grosse blonde paresseuse… Elles ont fini de s'invectiver, ces mal-embouchées ? Ne les interrompez pas : c'est la litanie des légumes de mai-juin ». Elle tente de décrypter les mystérieuses imprécations des traités horticoles : «Taillez sur empattement si la tige n'a que des yeux à bois ; s'il y a un dard, taillez un œil au-dessus ». Elle relaie la sagesse populaire des dictons — « La première eau d'avril vaut un char d'or », « Qui veut bon navet, le sème en juillet » — et avoue posséder encore comme des reliques « deux sécateurs, un gros et un petit ; un couteau-serpette ; un joli couteau à greffer qui a une lame mousse en ivoire, souvenirs de l'activité physique… Vous riez ? Est-ce que je vous empêche de garder les images de votre première communion ? »

Bouquets de livres

Les mots et les images peuplent maintenant les rangs de son parterre idéal. Elle empanache son jardin de « "si" aigus », l'orne de « belles-de-nuit insomnieuses », d'asters « pour étoiler mes nuits », de sabots-de-Vénus, « de quoi chausser toute la maison » et d'amaranthes queue-de-cheval, pour le seul plaisir de leur donner leur nom ancien de « disciplines-de-religieuses ». Une collection impressionnante de livres spécialisés du XIXe siècle lui sert d'intarissable pépinière. Elle renoue avec les images qui ont fait les délices de son enfance, puisées dans le *Dictionnaire universel d'histoire naturelle* de Charles d'Orbigny[12] et le *Dictionnaire pittoresque d'histoire naturelle* de Guérin – « Guérin, Dorbigny furent mes contes de fées » –, les complète avec la lecture de *La Grande Pomologie*, « livre inépuisable d'images », des *Annales de Flore et de Pomone*[13], des *Souvenirs entomologiques* de Fabre[14] ou de l'*Horticulteur universel* de Lemaire[15]. « Je peux compter les poils sur la large langue des iris, les pustules sur les citrons grenus et digités », « je n'apprends rien, je contemple ». Elle rêve à l'évocation de la pêche « téton-de-Vénus », de la poire « goulu-morceau » ou du « groseillier à fleurs de fuchsia ». « Cet art pictural met l'eau sous la langue », confessera-t-elle. Très souvent, Colette étale sur la tablette d'acajou qui barre son lit ses nouveaux trésors : pétales séchés figés en étoiles sur les pages d'un herbier, graines exotiques, petits livres verts de *La Botanique des dames et des demoiselles* ouverts aux pages de ses dernières découvertes, fruit du raphia porte-bonheur qu'un ami vient de lui offrir, couteaux à greffer et serpettes, billes et perles de verre, tout un fatras merveilleux qu'elle appelle son « musée d'ignorante ». Aussi, quand un éditeur, qui lui a envoyé des bouquets « pendant un an ou davantage », lui demande d'écrire quelques pages sur des fleurs, Colette exulte. Dans la lignée de la *Botanique* de Jean-Jacques Rousseau qui est certainement l'un des fleurons de sa bibliothèque, elle va enfin pouvoir donner libre cours à ses portraits de fleurs. Nul souci de précision botanique ne la guide, il s'agit plutôt d'un herbier littéraire. *Pour un herbier*, qui est édité en 1948 chez Mermod, « est un petit livre qui tutoie, interprète ou déforme quelques plantes, je ne mérite pas que vous le compariez à *La Botanique des dames* », admettra-t-elle, mais comme le souligne Maurice Goudeket : c'est « un livre, délicieux, [qui] reflète l'euphorie qui l'a dicté ».

Ci-contre, giroflée ravenelle et son double peint par Redouté pour *La Botanique* de Jean-Jacques Rousseau (1822), l'un des ouvrages préférés de Colette.

« Elle sonnait Pauline, lui demandait un livre d'images, qui représentait des plantes, des oiseaux, des insectes.
Elle se servait maintenant presque toujours d'une loupe, non pas que sa vue eût baissé, mais parce qu'il fallait mieux regarder. » (Maurice Goudeket.)

Colette transforme, Colette déforme, Colette rêve toujours d'un jardin. Ses plus beaux fruits sont maintenant ses manuscrits dont elle offre quelques pages à ses amis, comme une rose cueillie et offerte en témoignage d'amitié au visiteur de son jardin désormais littéraire, ou ces fleurs et ces fruits merveilleux qu'elle dessine sur sa tapisserie, au gré de quelques fils de laine. « Ayant, un demi-siècle, écrit noir sur blanc, j'écris en couleurs sur canevas depuis tantôt dix années. L'aiguille mousse aux doigts, je conduis la laine captive du chas oblong. Mes amies disent que je m'y amuse, mon meilleur ami sait que je m'y repose. » Et à l'instar de ces dessinateurs qui décrivent avec une diabolique précision « un fruit en forme de cœur » qui s'appelle « lickie » ou un concombre géant nommé « pothos » qu'ils n'ont peut-être jamais vu, Colette décide avec la même liberté d'invention que « la verdure ser[a] bleue, l'anthémis multicolore, la cerise démesurée et marquée, sur son équateur, de quatre points blancs… ».

Bonne année, ma Rosine. Tu vois ces papillons ? Ils viennent d'une papeterie de Gibraltar. Race étrange de papillons sans antennes ! Si Maurice ne m'avait pas convaincue que le bateau allait partir, je serais encore

« Tête étroite parée d'antennes, taille grêle et juponnage fastueux, si vous caricaturez le papillon, vous avez une danseuse. » (*Journal intermittent*, 1949.) À gauche, julienne des dames et son double peint par Redouté. Ci-contre, lettre adressée à Germaine Beaumont pour le nouvel an 1930. Pages suivantes, dans une graineterie, étal de pots aux vieilles étiquettes et bouquet de capucines.

BETTERAVE
NAVET
BETTERAVE

CHOU-NAVET
POIRÉE

Une graine irresponsable

Aux abords de son radeau – le lit de travail qu'elle ne quitte plus guère – s'agglutine, comme autant de méduses multicolores échouées sur le sable, le « jardin figé » de ses sulfures, boules de cristal, presse-papiers et ludions collectionnés au fil des ans, « plantés » dans un « luxe cordial et potager » sur tous les manteaux de cheminées, toutes les tables disponibles, « abîme, piège des images, ressource de l'esprit las, générat[eurs] de chimères », « tous acquis aux corolles et aux pulpes ». La lumière du sud joue sur leurs rotondités translucides, s'attarde sur les uns, rebondit sur les autres, puis fait de l'œil aux papillons réfugiés derrière un écran de verre. « Le soleil a tourné, touchant au passage les casiers vitrés dans chacun desquels quarante-huit papillons identiques témoignent que ce serait folie d'imaginer qu'un quarante-neuvième exemplaire pourra être plus richement imprimé, porteur d'un arc-en-ciel plus complet, d'oxydations plus imprévues. »

Mais au milieu de ce jardin imaginaire, au milieu de ces livres, de ces portraits de fleurs, de ces bouquets, de ces tapisseries et de ces boîtes à papillons, la plus belle fleur, c'est Colette. Comme les fleurs qui l'environnent, elle aime l'humidité qui « satisfait ce qu'il y a en [elle] de végétal », comme elles, elle attend chaque année le printemps avec de plus en plus d'impatience au fur et à mesure qu'elle avance en âge. « Le sentiment d'attente ne s'ajuste qu'au seul printemps », écrit-elle. En inventant ce jardin rêvé, Colette comme la fleur après son apogée s'est faite graine. Comme cette graine exotique qu'on lui offrit un jour, et « dont les capsules dét[enaient] puis expuls[aient], avec une sorte de violence, une semence d'argent fin, lestée d'un granule, plus léger encore que n'est la semence des chardons », Colette disperse désormais les mots de son imaginaire enthousiaste, comme une « graine irresponsable et voyageuse » qui vole de jardin en jardin, dispersant ses « volantes âmes », dans l'attente d'un prochain printemps…

À gauche, sur le « radeau », quelques objets fétiches de l'écrivain et deux tiges du curieux muscari à toupet (*Muscari comosum*).
À droite, les têtes rondes des chardons bleus dont la graine se laisse porter par les vents.

Fleurs rêvées du Palais-Royal

Au Palais-Royal, la table de travail de Colette domine encore un jardin.
Ci-dessus, un iris barbu.

En 1943, Colette a décrit son jardin idéal à la fin d'un texte intitulé Flore et Pomone. *Elle sait déjà que toute création de jardin lui sera désormais inaccessible, aussi énumère-t-elle les plantes de son souvenir et les plantes de ses désirs, dans un désordre féerique.*

« Je sèmerai les nigelles quand dans le jardin-de-demain auront pris, auront repris place le songe, le projet et le souvenir, sous la forme de ce que j'ai possédé et de ce que j'escompte. Certes, les hépatiques y seront bleues, car je me sens excédée de celles qui sont d'un rose vineux. Bleues, et assez nombreuses pour border la corbeille ("toutes les corbeilles doivent être bombées...") qui exhausse les diélytras en pendeloques, les weigelias et les deutzias doubles. Je n'aurai de pensées que celles qui ressemblent — large face, barbe et moustaches — à Henri VIII ; de saxifrages[16] que si, par un beau soir d'été, quand je leur offrirai poliment une allumette enflammée, ils me répondent par leur inoffensive explosion de gaz...

Une tonnelle ? Naturellement, j'aurai une tonnelle. Je n'en suis pas à une tonnelle près. Il faut bien un perchoir de treillage pour la cobée violette à langues de dragon, pour le polygonum, et pour le melon-à-rames… À rames ? Pourquoi pas la courge-à-moteur ? Parce que le melon que je dis se hisse, se rame sur tous tuteurs comme un simple pois, jalonne sa course grimpante de petits melons verts et blancs, sucrés et pleins de saveur. (Voyez les textes de Mme Millet-Robinet.)

Que si les amateurs de nouveautés horticoles bannissent toutes les vieilles amaranthes queue-de-cheval, j'en recueillerai bien quelques-unes, quand ce ne serait que pour leur donner leur nom ancien : disciplines-de-religieuses. Elles feront bon ménage avec un autre plumeau, celui-ci argenté, le gynérion, brave type un peu bête qui passe l'hiver à droite et à gauche de la cheminée, dans des vases en forme de cornet. L'été, nous ferons fi du gynérion, et nous planterons dans les vases les suffocants lis blancs, plus impérieux que la fleur d'oranger, plus passionnés que la tubéreuse, les lis qui montent l'escalier à minuit et viennent nous chercher au plus profond de notre sommeil. Si c'est un jardin de Bretagne, que j'aime mon idéal parterre empanaché de "si" aigus ! — le daphné… Faut-il la nommer daphné, ou bois-gentil, cette fleur petite, dissimulée, immense par sa noble et fraîche senteur qui perce et embaume l'hiver breton, dès janvier ? Un buisson de bois-gentil, sous l'averse qui vient d'ouest avec la marée, semble arrosé de parfums. Si, près d'un lac, je me plante, j'aurai, outre le faix d'arbrisseaux

« Ce n'est pas terrible de n'avoir plus de jardin. Ce qui serait grave, c'est que le jardin futur, dont la réalité n'importe guère, fût hors de mon atteinte. Il ne l'est pas. Un certain craquètement de graines sèches dans leur sachet de papier suffit à m'ensemencer l'air. »
(*Flore et Pomone*, 1928.)
En bas, Colette à son bureau vers 1928-1930.

que traînait le Vieux Monsieur défunt, j'aurai des chimonanthes l'hiver, au lieu de daphnés. Le chimonanthe, fleur de décembre, autant de couleur et d'éclat qu'un petit copeau de liège. Son mérite est unique, et le révèle. En un lieu limousin, où j'ignorais sa présence, par temps de neige je l'ai guetté, cherché, trouvé dans un air glacé où me guidait sa fragrance. Grisâtre, terne sur sa branche, mais doué d'un grand moyen de séduire, quand je pense au chimonanthe, je pense au rossignol. J'aurai donc le chimonanthe… Ne l'ai-je pas déjà ? J'aurai bien d'autres verveines en rosaces, aristoloches en pipes, gazon d'Espagne en houppes, croix-de-Jérusalem en croix, lupins en épis et belles-de-nuit insomnieuses, agrostides en nébuleuses et mignardises en vanille. Un bâton-de-Saint-Jacques pour aider mes derniers pas de voyageuse ; l'aster pour étoiler mes nuits. Une campanule, mille campanules, pour tinter à l'aube en même temps que le coq chantera ; un dahlia godronné comme une fraise de Clouet, une digitale pour ganter le renard — c'est du moins à quoi prétend son nom populaire —, une julienne et non pas, comme vous pourriez penser, coupée en petits dés dans le potage, mais en bordure ! La bordure, vous dis-je, la bordure ? En bordure aussi les lobélias, dont le bleu n'a de rival ni dans le ciel ni dans la mer. En fait de chèvrefeuille, je choisis le plus frêle, qui pâlit d'être trop odoriférant. Il me faut enfin un magnolia de grande ponte, tout couvert de ses œufs blancs quand Pâques approche ; une glycine qui, à force d'abandonner ses longues fleurs goutte à goutte, fait de la terrasse un lac mauve. Et des sabots-de-Vénus, de quoi chausser toute la maison. Ne m'offrez pas de lauriers-roses, je ne veux que des lauriers, et des roses.

Mon choix ne fait pas qu'assemblées les fleurs que je nomme flattent l'œil. Et d'ailleurs j'en oublie. Mais rien ne presse. Je les mets en jauge, les unes dans ma mémoire, les autres dans mon imagination. Elles trouvent encore là, grâce à Dieu, l'humus, l'eau un peu amère, la chaleur et la gratitude qui peut-être les garderont de mourir. » (*Flore et Pomone*, 1943.)

« Vous n'avez pas de jardin ?

Moi non plus.

Aimons celui que nous inventons. »

Potées et jardinières

Muguet
CONVALLARIA MAJALIS

« Plus qu'une coquetterie, mieux qu'une superstition, presque une religion, le muguet se fête au 1er mai. Son culte porte à l'effervescence la population d'une capitale, s'éteint au-delà de la banlieue », observe Colette. Mais elle-même ne saurait résister à l'appel d'un rite aussi païen et surtout à la « fragrance démesurée, hors de toute logique », presque « de toutes convenances », qui s'échappe de cette « maigre fleurette » qu'elle assoira bientôt sur sa table de travail pour embaumer ses pensées : « entre deux valves de feuilles, allongées en coquilles de moules, mystérieusement s'arrondissent ses perles d'un orient vert, d'où coulera l'odeur souveraine… » (Les Vrilles de la vigne, 1908.)

Lis de mai, lis des vallées comme l'assure son vieux nom latin, *Lilium convallium* (de *convallium*, vallée encaissée), c'est un bien petit lis en vérité, bien modeste. Lis par le parfum seulement, même s'il est parent des grands. D'ailleurs, son nom de muguet, dérivé de musc et muscade, a sur ce point valeur d'aveu : avec sa feuille de plantain masquant une floraison timorée, il serait encore dans l'ombre sans ce parfum surpuissant que distillent ses clochettes.

Non que la prodigalité soit son fort : par temps froid, le parfum reste au fond de la fleur, cette fleur dont il n'est pas toujours généreux non plus. En sous-bois, le muguet forme souvent des océans de feuilles sans une fleur en vue. Mai peut bien venir et repartir ; si les conditions d'éclairement, de température et d'humidité n'ont pas convenu à Messire Muguet, il ne fleurira pas, voilà tout.
La vérité est qu'il est sybarite. Il aime se faire dorloter. C'est en vase, à la tiédeur d'une pièce, que ses fleurs libèrent leur odeur dans toute sa véhémence. Et s'il fleurit au jardin déjà plus grassement qu'en sous-bois, en terre riche à l'ombre d'un mur, c'est sous abri qu'il donne le meilleur de lui-même, douillettement empoté dans un mélange mitonné pour lui, arrosé sur demande et porté à point nommé à température idéale pour une floraison débordante. Il apprécie tant les petits soins qu'il accepte même d'être « forcé » !
Pour une floraison plantureuse, choisir 'Fortin's Giant', à fleurs bien odorantes sur des hampes de 30 cm. 'Flore Pleno' fleurit double comme il se doit, 'Aureovariegata' raye sa feuille de jaune et 'Albistriata' de crème. Après les avoir tous essayés, on en revient toujours au petit muguet commun.

Jacinthe
HYACINTHUS ORIENTALIS

Pour Colette, les jacinthes cultivées ne sont qu'un pis-aller. « Leur grosse tige congestionnée d'eau bave à sa section comme un escargot, et porte des clochettes lourdes, opaques, d'un blanc de berlingot à la menthe », écrit-elle avec dédain. Leur parfum a néanmoins le mérite de lui rappeler leur cousine des sous-bois.

Elle est née, semble-t-il, en Mésopotamie, mais elle a voyagé très tôt puisque les Romains, déjà, la cultivaient comme fleur à parfum. Après quoi on perd sa trace pour

À droite, jacinthe d'Espagne.

la redécouvrir en Hollande, sa terre d'adoption, vers 1580, venue de Constantinople aux côtés de la tulipe. Deux siècles plus tard, ses variétés se comptent par centaines. Elles sont aujourd'hui un peu moins de deux cents, dont une trentaine vraiment courantes.
Plantée par milliers, en immenses coulées comme à Keukenhof, la jacinthe est belle à couper le souffle, mais c'est au jardinier sans jardin qu'elle donne le meilleur d'elle-même. Elle est faite pour l'intimité : en pot, elle s'offre tout entière, fleurs cireuses et parfum. Aux mains de l'amateur, surtout en potée, son bulbe s'épuise après deux ou trois floraisons et doit être renouvelé. Excellente occasion de tester les variétés, des plus familières aux moins connues, récentes ou non, comme 'Blue Jacket', bleu intense, 'Splendid Cornelia', rose pastel, 'Marconi', rose lilacé, 'Hollyhock', rouge intense à très grande fleur double, 'King Kodro', bleu violacé, très double aussi, ou 'Ben Nevis', à fleur de marronnier blanc pur.

Bégonia

Begonia x tuberhybrida

« Pendant des années nous ne nous sommes pas méfiés du bégonia. […] À la faveur de l'ironie populaire, le bégonia se développe étrangement. Il ressembla, grandi déjà et soigné, à un bégonia exceptionnel, puis à un bégonia monstrueux. Cette année, nous demeurons stupéfaits devant sa fleur mégalomane qui prétend remplacer la rose trémière, la capucine, le pavot, et la rose tout court. Un feu de couleurs incomparable, outrecuidant, le pare, il détient les plus beaux rouges vibrants, un jaune qui épanche autour de lui la lumière, un safran carné unique. Mais respirez-le : il a moins de fragrance qu'une touffe de gazon, et touchez-le doucement : il n'a pas pu quitter sa raideur légumineuse, et sa chair cassante comme un jeune radis. » (Aventures quotidiennes, 1924.)

Le bégonia des jardiniers n'existe pas dans la nature. C'est un végétal purement horticole, issu d'un siècle et demi de mariages arrangés, et bien fou qui voudrait retracer sa généalogie. Découvert voilà trois siècles et dédié à Michel Bégon, intendant des Antilles sous Louis XIV, le genre *Begonia* est vaste et disparate : un millier d'espèces, miniatures ou géantes, vivaces, arbustives ou grimpantes, à racines tubéreuses, fibreuses, rhizomateuses, et quelque dix mille hybrides. Entre ces frères divers, quelques points communs pourtant, dont une feuille asymétrique plus ou moins en oreille d'éléphant et une intolérance au gel qui les voue — à deux exceptions près — à la culture en pots sous nos latitudes.
Le « mégalomane » de Colette est le plus familier de tous : *B.* x *tuberhybrida*, alias bégonia tubéreux, celui que l'amateur se procure sous forme de petite galette épaisse et barbue, avec une cuvette centrale d'où surgira le premier germe rose. Mégalomane, il l'est sans complexe : *gigantea* et *grandiflora* sont ses épithètes favoris. Et c'est ouvertement qu'il cumule les rôles : camélia, œillet, narcisse, bouton de rose, il sait tout faire. En bonne justice, reconnaissons qu'il invente aussi ses formes à lui — un peu gitanes, à pétales frangés, volantés, frisottés, sans parler des bicolores, marbrés, jaspés ou à liseré contrastant. Il sait même jouer les cascades dans sa forme *Pendula*, qui commence par pousser bien droit puis décide crânement de se jeter dans le vide…

Gardénia

Gardenia augusta

« Je dors, en plein jour, comme dort ce qui est blanc et riche d'un secret d'odeur. Pour nous autres floraisons blanches, chargées de troubler la créature humaine, le milieu du jour est une traîtrise dont nous ne nous lassons pas. C'est alors que l'ingénue, l'ignorant, l'amante distraite cassent de l'ongle une de nos tiges qui porte fleur et l'épinglent, toute froide et sans plus d'expression qu'une renoncule, entre leurs tresses, à leur ceinture. Là, je dors inodore. Mais à l'heure dite, "six heures !", j'exhale mon fiévreux et muet discours. Une fleur d'oranger imaginaire, un mousseron crû en une heure, s'unissent en moi, dirait-on, pour la perdition des âmes et des corps. » (Pour un herbier, 1948.)

Le gardénia est une diva. Il a ses règles bien à lui. Les ignorer, c'est être assuré de le voir jaunir et

prendre congé. Pourtant ses feuilles luisantes, d'un vert intense, et sa floraison blanche odorante ont tant d'attrait qu'un échec suffit rarement à décourager le jardinier. Originaire de Chine du Sud, le gardénia familier ne fleurit au jardin que sous le climat de l'oranger ; ailleurs, il est cultivé en pots sous diverses variétés : 'August Beauty', à feuille vert vif et fleur bien double, blanc vélin, de mai à octobre ; 'Fortuniana', à grande fleur blanche virant au jaune primevère avec l'âge ; 'Mystery', à feuille vert sombre et fleur double, blanc ombré d'ivoire ; ou 'Veitchiana', de port compact, dont les petites fleurs de neige, très doubles, s'épanouissent jusqu'en décembre-janvier en serre ou au jardin de climat doux.
Parfois nommé à tort « jasmin du Cap », le gardénia de Chine a bel et bien un homologue natif du Cap, *G. thunbergia*. Moins exigeant en chaleur et moins regardant quant au sol, celui-ci le concurrence aujourd'hui avec sa floraison hivernale blanc pur sur un feuillage étonnamment sombre. En passe de conquérir le marché pour la culture sous abri, *G. thunbergia* est en revanche plus sensible au gel que son frère de Chine et donc moins adapté au plein air dans le Midi.

Orchidées

L'orchidée est, par essence, une plante littéraire. Exotique, inaccessible, multiple, elle suscite le merveilleux et Colette a bien du mal à la définir. Est-ce « un oiseau », « un crabe », « un papillon », « un maléfice », « un sexe » ou peut-être même « une fleur », se demande-t-elle ? « Mon orchidée d'aujourd'hui est un songe difforme et plein d'attraits. Elle me parle de poulpe, de sabot, de barbe argentée, de hibou, de sang sec » mais, avoue-t-elle, « j'aurais vite fait, en si étrange compagnie, de soupirer après une rose »...

Avec les orchidées, la nature s'offre le grand jeu. Huit cents genres, dix-sept mille espèces, voilà la famille. Encore est-ce sans compter les hybrides ; or ces plantes s'hybrident sans vergogne.

La moitié des espèces se nourrit du sol comme le commun des végétaux ; on les dit terrestres. D'autres ont choisi de vivre perchées, de l'air du temps, de l'eau de pluie et des menus débris retenus par les fourches d'arbre ; ce sont les épiphytes. D'autres, telle la vanille, grimpent à la façon du lierre. D'autres enfin ont adopté le style de vie des champignons.
Pour le profane, le groupe est hétéroclite. Entre l'épi violacé du petit orchis des prés, *Dactylorhiza mascula* (la « pentecôte »), et le grand papillon rouge et jaune, mi-léopard, mi-girafe, de l'*Oncidium papilio*, l'air de famille n'a rien d'évident. Pour le botaniste, au contraire, toute la parentèle présente une remarquable unité : les formes florales varient, mais le plan est unique. Trois sépales, trois pétales. Le troisième, dit labelle, joue à prendre toutes les formes — abeille, sabot, crâne de mort, bourse, pantoufle ou pendu...

En haut, orchidée sabot de Vénus (*Paphiopedilum*) ; à droite, *Cymbidium*.

Fleurs à bouquets

CAMÉLIA
CAMELLIA JAPONICA

« Quelles belles créatures matérielles ! » s'écrie Colette devant un bouquet de six camélias rouges « vernissés », « pulpeux », « tangibles » qui mettent tout leur « luxe » dans leurs fleurs « admirablement rondes » et leurs feuilles d'un « vert sombre où la lumière se mire bleue » tant elles « semble[nt] mouillée[s] ». Les camélias sont indissociables de Rozven, la terre bretonne de Colette où, sur une « charmille séculaire », ils attendaient la saison froide pour « s'allum[er] de rouge, tous à la fois… »

En Bretagne, le camélia a trouvé une terre d'élection. L'air humide, le sol acide et les hivers doux sont à la convenance de ce petit arbre natif du Japon, de Corée et de Chine du Sud. Les plus vieux camélias bretons s'acheminent aujourd'hui doucement vers leur bicentenaire, vétérans souvent à fleur rouge. Ce sont tous, bien entendu, des *Camellia japonica*, première espèce introduite, à la feuille si vernissée qu'on la croirait laquée. Parfois simple ou semi-double, avec un gros pinceau d'étamines d'or, la fleur peut aussi se faire très double, avec des pétales tantôt bien rangés, façon nénuphar ou tarte aux pommes, tantôt en chiffonnade à la manière de la pivoine, l'œillet ou la rose chou.

Certaines des formes doubles ont le défaut de ne pas défleurir en beauté. La fleur rouille sur la plante, surtout par temps humide. Mais la plupart des variétés simples ou semi-doubles se défont au contraire d'elles-mêmes, colorant le sol d'une jonchée de pétales. C'est l'un des enchantements, entre autres, de 'Lady Clare', semi-double, rose intense, d''Alba Simplex', simple, blanc pur et qui fleurit trois mois durant, de 'Contessa Lavinia Maggi', à fleur griffée de rouge cerise sur fond rose dragée, ou encore de 'Kimberley', simple, rouge lumineux à couronne d'étamines jaunes, spécialement doué pour cette neige colorée.

Aujourd'hui, d'autres espèces et hybrides ont rejoint *C. japonica*, tels les petits *C. sasanqua*, plus frileux, qui fleurissent dès novembre et les *C.* x *williamsii*, que même les étés chiches de chaleur couvrent de boutons à fleur pour le printemps suivant.

TULIPE
TULIPA

La tulipe est « un œuf », la tulipe est « une flamme échevelée » quand elle est de l'espèce « dite perroquet », la tulipe est « une rose de vitrail, si la chaleur et l'excès de leur épanouissement forcent, jusqu'à les ouvrir en roue, les beaux pétales près d'être exténués ». Les parterres hollandais « uniflores » où « mille et mille tulipes » se serrent en « bataillons » provoquent l'admiration de Colette : « j'avoue qu'à vos puissantes couleurs je m'échauffe d'une sorte de considération », admet-elle. Mais sa préférée est la bicolore, « peinte comme un œuf de Pâques, léchée de jaune et d'orange » ou de rose et de vert : « Quel soin a peint sur les pétales roses ces petites retouches d'un vert choisi entre mille verts ? »

Pour elle, voici quatre siècles, l'Occident perdit la tête. Elle arrivait de Turquie où elle était fleur de sultan. Son introduction en Europe a tout du roman policier avec vols de bulbes, marché noir, échanges de graines sous le manteau. Durant plusieurs décennies, son prix ne fit que monter, et les années 1630 en Hollande virent la « tulipomanie » atteindre un degré de folie sans équivalent dans l'histoire des hommes. Ni l'or ni le diamant ne peuvent se flatter d'avoir déclenché hystérie pareille. Un bulbe unique valait plusieurs fois son pesant d'or. Sous Louis XIV encore, la tulipe était fleur de roi et à Versailles, dit-on, fleurissaient quatre millions de bulbes.

Aujourd'hui son prix la met à portée de chaque balcon, et une poignée de bulbes suffit pour faire de tout jardinier un sultan.
Avec une centaine d'espèces et plus de deux mille cultivars répartis en quinze groupes, le genre *Tulipa* est l'un des plus complexes du monde horticole, mais les secrets de culture s'appliquent à toutes les tulipes, des simples hâtives à leurs sœurs à fleur de pivoine, en passant par les doubles hâtives, les Darwin, les tardives, les fleur-de-lis, les frangées, les flammées de vert, les Rembrandt, les perroquets...

Anémone des fleuristes

Anemone coronaria

Colette adorera toujours les bouquets d'anémones. À Saint-Tropez, des anémones du Japon voisinaient au printemps avec des renoncules. Quand elle ne sera plus installée dans le Midi, elle fleurira souvent sa table de travail d'anémones des fleuristes encore « prostrées » qui ne montrent d'abord « que l'extérieur de leurs pétales, terne, cannelé, un peu poilu » et « leur feuillage de gros persil qui se réclame du potager plutôt que de la plate-bande ». « Un bain de pieds tiède, et c'est presque par bonds qu'elles ressuscitent. Majesté de la fleur ronde ! L'iris asymétrique hésite, déchire sa soie par langues impaires, la rose étouffe parfois dans son corselet ; le geste de l'anémone est d'une décision magnifique. Irriguées les veines de sa tige, elle se déploie de toutes parts, comme un parachute bien empoigné par le vent. » (Pour un herbier, 1948.)

Anémone elle est, fille du vent comme ses sœurs, et *coronaria*, de *corona*, couronne — encore que l'on ne sache plus si c'est parce qu'on la tressait en couronnes, ou parce que sa fleur s'auréole d'un halo clair autour des étamines noires. Spontanée en Asie Mineure et sur le pourtour méditerranéen, elle a fait ses débuts en France sous Henri IV et sa popularité n'a jamais fléchi depuis. On la dit « anémone des fleuristes » et le fait est qu'ils en sont rarement démunis : fleur à couper par excellence, cueillie juste avant l'éclosion, elle tient plus d'une semaine en vase et surtout, sous abri, elle fleurit toute l'année, suivant l'époque de la plantation. Mais c'est aussi une fleur de jardin, rustique dans le Midi, en situation chaude partout ailleurs — ou en jardinière sur un rebord de fenêtre.
L'anémone « de Caen » est sa forme à fleurs simples — les variétés à fleurs doubles et semi-doubles n'ont ni sa rusticité, ni surtout sa fraîcheur naïve. Au jardin, 'His Excellency', à grande corolle rouge vif et œil blanc est délicate à placer tant elle s'arroge la vedette ; elle fait grand effet, en revanche, en potée et en fleur à couper. 'Mrs Fokker', bleu ombré de violet, est plus facile à marier, et la plus sociable est 'Alba', d'un blanc pur pailleté d'argent.
Il est bien d'autres anémones idéales en fleurs coupées, telle l'anémone du Japon, *A.* x *hybrida*, espèce vivace de plus d'un mètre de haut, à floraison généreuse d'août à octobre. Aussi gracieuse au jardin qu'en vase, elle existe en plusieurs variétés, dont les plus fraîches sont à fleur simple, telle 'Honorine Jobert', blanc pur, ou 'September Charm', rose tendre.

À gauche, anémone de Caen (*A. coronaria*) ;
ci-dessous, anémone du Japon (*A.* x *hybrida*).

Strélitzia, oiseau de paradis

Strelitzia reginae

« Que de bleu foncé, de bleu moins foncé, d'orange, répartis dans cette huppe qui rouait au bout de chaque tige, que de becs aigus, qui justifiaient le nom de la strélitzie-bec-d'oiseau... » Mais de cette évidente comparaison, Colette fait une étonnante lecture. « Je lisais, dans la forme étrange et digitée de la fleur, l'exacte attitude d'une main siamoise, pouce et index joints par leurs extrémités, les autres doigts dressés et agressifs. Dans le langage du ballet siamois, ce hérissement de la main, au bout d'un bras de danseuse longuement assoupli, sert à exprimer, comme le ferait un caractère d'alphabet, la colère. La main irritée, la fleur qui se révolte, laquelle fut la première à imiter l'autre ? » (Pour un herbier, 1948.)

Sa bractée en bec bleu d'acier et ses pétales ailés, orange vif, font de lui un grand oiseau sophistiqué. Introduit en Angleterre en 1773, sous le règne de George III, cet étrange oiseau-fleur a été baptisé *Strelitzia reginae* en hommage à la reine d'alors, née de Mecklenbourg-Strelitz. Depuis, d'autres strélitzias ont suivi. Peu de jardiniers peuvent s'offrir le géant *S. nicolai*, blanc à cœur bleu, qui culmine à dix mètres et finit par former un tronc de palmier. Mais *S.* x *kewensis*, à fleur jaune et lilas, est plus abordable avec son petit mètre cinquante, et d'autres cultivars nains d'obtention récente pourraient bien mettre cet oiseau de paradis à l'échelle de toutes les vérandas.

Fleurs d'almanach

'GROSSE BLONDE PARESSEUSE'

ET AUTRES NOMS À RÊVER, D'HIER ET D'AUJOURD'HUI

« Semez en pleine terre, plantez par caïeux, selon les espèces. Semez la gotte, semez la très courte rouge… » Mais qui sont ces « pied court », « tête de fer », « obtuse », « naine », « métisse », « phénomène », « cœur-de-bœuf éclair » et autre « grosse blonde paresseuse » dont Colette peuple son jardin imaginaire ?

Qui dira la poésie des appellations légumières ? Nées de l'imagination des maraîchers, elles reflètent leurs espoirs, leur fierté — leur humour.

À première vue, le potager est un lieu de sainteté. L'ombre de Saint-Fiacre y flotte, et pas seulement chez les haricots, où lui est dédié un mangetout. 'Saint-Victor' est là aussi, en poireau tardif, 'Saint-Valéry' en carotte longue, 'Saint-Pierre' en tomate demi-hâtive et 'Saint-Vincent' en tomate jaune. L'oseille 'Vierge à Large Feuille' n'a rien à voir avec la Madone, mais refuse héroïquement de monter à graine. Une laitue se dit 'Pierre Bénite' et le haricot 'Saint-Esprit à Œil rouge' veille sur ce coin de paradis.

En aussi béate compagnie, la vertu devrait se porter sans tache. Une betterave 'Rouge des Vertus', un oignon 'Jaune Paille des Vertus' et un navet 'Des Vertus, race Marteau', semblent avoir saisi le message. Ce qui n'empêche pas la 'Grosse Blonde Paresseuse' de fainéanter (grasse laitue pommée, elle n'est pas pressée de monter), ni une foule de légumes de plastronner à qui mieux mieux — au potager, la modestie n'est pas la vertu première.

Passons sur les 'Triomphe' d'ici, 'Gloire' d'ailleurs et 'Merveille' de partout, 'De Kelvédon' pour un pois, 'De Venise' pour un haricot, 'De Toutes Saisons' pour un chou-fleur. Les 'Géants' prolifèrent, tout comme les 'Roi' et 'Reine'. Divers haricots se disent 'Princesse', une pomme de terre 'Duchesse'. Épinard, oseille et poireau se plaisent en 'Monstrueux'. Un haricot mangetout se veut 'Phénomène', un autre 'Abondance', un troisième renchérit : 'Plein le Panier' ! Promesse reprise mot pour mot par un pois, tandis qu'un autre fanfaronne : 'Cent pour Un' ! Curieusement, les promesses de délectation sont plus rares. 'Miel du Mexique', annonce une tomate ; 'Le Délicieux', sussure un pois à rames. La 'Craquante d'Avignon' est une laitue romaine et le 'Vert Fin Petit de Paris' un cornichon, pour bon bec assurément. Mais dans l'ensemble on invoque plutôt la corne d'abondance.

La pomme de terre s'aime en Bretonne : 'Ker Pondy', 'Belle de Locronan'. Elle se trouve plutôt jolie — 'Belle de Fontenay' — mais joue aussi l'autodérision : 'Saucisse Rouge', 'Ratte' ! D'autres légumes optent pour la franchise, telle cette carotte qui s'avoue 'Obtuse' ou la courge 'Cou-tors', qui ne feint pas la droiture.

Mais pour finir — quoi de plus touchant ? — c'est leur lieu de naissance que revendiquent d'abord les hôtes du potager. Et si un céleri se prétend 'De Prague', la chanson des légumes revient surtout à faire le tour de la ceinture maraîchère de Paris voilà un siècle : la mâche se clame 'D'Étampes', le pissenlit 'De Montmagny', le céleri-rave 'De Gennevilliers' et le navet 'De Montesson'. Pontoise, Reuil, Viroflay… L'oseille est fière d'être 'De Belleville', le chou cabus 'De Vaugirard' et la laitue… 'Du Trocadéro' ! Paris était jardin à l'époque.

Tomate et chou 'Cœur-de-bœuf'. Haricot 'Rognon-de-coq'. Céleri 'Boule de Marbre'. Betterave 'Crapaudine'. Asperge 'D'Argenteuil', tiens ! comme la figue. Au potager de rêve né des pages du catalogue s'arrondissent des légumes parfaits. Surtout, n'allons pas trois pages plus loin, où d'autres noms chantent à leur façon — piéride du chou, charançon, noctuelle… Que la 'Grosse blonde paresseuse' continue à paresser dans nos rêves, loin des limaces.

Herbe-à-Robert

Geranium robertianum

« S'il vous arrive de le frôler par mégarde, vous essuyez sur vos doigts une fragrance piquante, trop vive pour qu'elle vous agrée. Je froisse exprès, moi, la tige et la feuille purpurines, qui me donnent à rêver. » (Pour un herbier, 1948.)

Plante des sous-bois clairs, l'herbe-à-Robert s'invite volontiers au jardin. Ses surnoms varient suivant les lieux — herbe rouge, bec de grue, pied de colombe, persil maringouin, aiguille de Notre-Dame, épingle de la Vierge ou même fourchette du diable ; mais qu'il doive son nom latin à saint Rupert, évêque de Salzbourg au VIIe siècle, ou au latin *ruber*, rouge, il compte parmi les « simples » aux vertus reconnues — notamment hémostatiques.

Pour le jardinier, ce serait plutôt une mauvaise herbe, mais de celles que rien n'oblige à bannir. Avec ses tiges bordeaux et son feuillage ciselé, vert sombre lavé de grenat, cette annuelle gracile a sa place dans une scène un peu sauvage, au pied d'arbustes ou de grandes vivaces. Certes, elle se ressème à plaisir mais, si on la juge indésirable, sa rosette grêle se laisse enlever d'une main, sans autres représailles qu'une bouffée de son essence odorante, plaisante pour les uns, offensante pour d'autres. Et si le vieux rose de ses fleurs ténues jure avec la palette du jardin, pourquoi ne pas adopter sa forme blanche, 'Album', à semer à la volée comme toute autre annuelle rustique ?

Ci-contre, chromos de fleurs et presse-papier *millefiori* posés sur la page de chrysanthèmes échevelés d'un catalogue de plantes. « Catalogues des semis, clefs de mes jardins imaginaires, instruisez-moi. » (*Almanach de Paris*, 1948.)

Penstémon

Penstemon

Colette cherche longtemps en vain le nom, enfoui dans sa mémoire, de cette fleur au « calice tubulaire », à la « corolle dentelée », « couleur de cerise » qui s'appelle « bizarrement » « pentstémon ». « Revenu à moi et comme apprivoisé, le pentstémon joue sa partie très agréablement dans une orchestration violette, rouge et mauve que réussit au mieux le jardinier de la Ville : des glaïeuls rouges et roses, des dahlias roses et rouges, les dernières roses, les althéas roses et violacés, des géraniums de feu, le laineux agératum qui hésite entre le bleu et le lilas, et le pentstémon : en voilà pour jusqu'à novembre, si l'automne est doux. » (Flore et Pomone, 1943.)

Planté pour un unique été, le penstémon dont Colette cherche et retrouve le nom (allégé d'un *t* depuis) était un hybride cultivé sous abri, traité en annuelle ou bisannuelle. Ainsi procèdent les jardiniers municipaux, pour des massifs éclatants de juin aux gelées. L'amateur n'a guère les moyens de rivaliser. Mais les penstémons sont en réalité vivaces. Et il en est bien d'autres que les glorieux hybrides à trompette des massifs saisonniers. Pour la plupart natifs de l'ouest du continent nord-américain, les penstémons sauvages occupent toutes sortes de sites, herbe rase et déserts, éboulis, rives de torrents, flancs de volcan et prairies grasses, si bien qu'il en est de toutes sortes, calcicoles ou calcifuges, délicats ou résistants, à petites ou à grandes fleurs, dans une infinité de coloris, bleu pur et jaune vif compris.

Qu'on adopte les vieux cultivars comme 'Souvenir d'Adrien Régnier', à grande fleur rose pur et gorge blanche, ou leurs frères sauvages comme *P. heterophyllus*, suffrutescent, à longue cloche bleu violacé, *P. pinifolius* à fleur rouge effilée ou son cultivar jaune pur, 'Mersea's Yellow', les penstémons détestent tous l'humidité hivernale.

Arbustes citadins

COGNASSIER DU JAPON

CHAENOMELES JAPONICA ET HYBRIDES

Un jour, on vola, dans les jardins de la tour Eiffel, une « pomme du Japon » pour Colette. « La pomme, à peine seule avec moi, exhalait une senteur mi-coing, mi-pomme, que je qualifiai d'enchanteresse, et si vive que l'antichambre, souvent accaparée par l'oignon frit, en bénéficia. » Mais son parfum perdit bientôt « toute retenue ». « La fragrance descendit au rez-de-chaussée, éveilla Madame la libraire, et, décuplant "son savoir-fleurer" devint bientôt insupportable. » Colette prit le fruit et le jeta par la fenêtre. Dans le jardin, un chat surgit des bosquets et l'attrapa. Bien mal lui en prit : il fut aussitôt pris de « haut-le-cœur » et enterra « le bas sortilège au moyen de la cendre, de la nausée et de l'oubli ».

On le nomme parfois « pommier du Japon », mais il est plus cognassier que pommier, son fruit en fait foi. Non qu'il soit beau, ce fruit : petit, jaunâtre, dur comme du bois, hésitant entre pomme et poire, et le plus souvent difforme. Mais son arôme ensorcelle, aussi fruité, aussi épanoui que celui des coings du verger. Comme eux, il est délicieux cuit, en gelée ou en confiture, ou marié à d'autres fruits en marmelade aux saveurs mêlées. Comme eux, dans la coupe à fruits, il accélère le mûrissement de ses compagnons, plus vivement encore que la pomme. Au jardin, cet arbuste venu du Japon vers 1870 charme d'abord par ses fleurs. Son port tortueux et embroussaillé n'a rien de follement élégant et c'est au sécateur d'éclaircir ce fourré pour en dégager le graphisme oriental. La fleur en coupelle, à cinq pétales ronds, s'épanouit sur le bois nu à partir de février, voire dès janvier par les hivers doux et pour certaines variétés. Les coloris se déclinent sur une gamme chaude et vive — rouge sang, vermillon, corail, crevette, saumon et blanc pur. Les petites feuilles vert franc surgissent après la floraison ou en même temps, souvent teintées de rouge à l'éclosion. Suivant les variétés, le cognassier du Japon se forme en buisson de moins d'un mètre de haut ou dépasse les deux mètres — voire trois, s'il s'adosse à un mur. Parmi les formes élevées, il faut citer : 'Falconnet Charlet', presque sans épines, à fleur saumon double ; 'Nivalis', à grande fleur blanc pur (obtenu par Lemoine vers 1880) et 'Hollandia', à grande fleur rouge vif, qui refleurit souvent à l'automne. En buisson bas, le choix est plus vaste encore, mais on peut mentionner 'Rowallane', grenat, 'Crimson and Gold', rouge sang à cœur d'or, ou 'Moerloosei', à grande fleur blanche lavée de rose et de carmin. Bien entendu, si l'on souhaite des fruits, donner la préférence aux fleurs simples.

ARBRE À PERRUQUES

COTINUS COGGYGRIA

Devant cette « toile d'araignée pour la rosée nocturne », ce « piège à joyaux de pluie et d'arc-en-ciel », Colette s'extasie tout comme Minne, son héroïne de L'Ingénue libertine. *« Il est pomponné, vaporeux et rose comme un ciel Trianon : de sa chevelure en nuages pommelés, diamantée d'eau, ne va-t-on pas voir s'envoler des Amours nus, de ceux qui tiennent des banderoles bleu tendre et qui ont trop de vermillon aux joues et au derrière ? » On l'aura compris, l'arbre à perruques est aussi un piège à rêves…*

En temps ordinaire, il n'a rien d'un Apollon. Ni grand, ni petit (trois mètres sur trois), une silhouette rondouillarde, des feuilles ovales d'un glauque un peu terne — ou d'un pourpre éteint chez la variété la plus courante —, et surtout, un air de déjà-vu qui fait glisser le regard sur lui. C'est sa parure d'été qui vaut au fustet familier son succès au jardin. Non sa floraison, en panicules lâches de petites fleurs verdâtres qui ne font que passer, en juin, et dont la plupart avortent aussitôt ;

mais la nuée rose dont il se nimbe ensuite, d'un rose plus intense chez ses variétés à feuilles pourpres, et qui vire doucement au gris fumée en fin de saison. Ces panaches sous lesquels il disparaît entier, ce sont les pédoncules de ses fleurs éphémères. Démesurément allongés, souvent garnis de poils soyeux, ils se tissent en cocon léger, semé ici et là d'une petite drupe brune et luisante.
Puis lorsque le cocon, en fin d'été, tombe en poussière, le feuillage prend doucement son teint d'automne — plus ou moins flamboyant suivant les saisons et les variétés. Au soleil, le fustet commun à feuilles vertes vire à l'orangé doux nervuré d'or, mais son cultivar 'Flame' prend feu. La variété pourpre la plus courante, 'Royal Purple', est censée s'enflammer aussi, mais se contente parfois de violacer. Pour la flambée, 'Foliis purpureis' est plus sûr. 'Nordine', à feuillage prune, se pare de jaune d'œuf après avoir offert, en sus de ses plumets, des grappes de fruits rubis.

Buddléia

Buddleja davidii

Pas de jardin rêvé pour Colette sans animaux et surtout sans papillons. Le buddléia est leur « Cocagne ». « L'odeur de ses grappes — vanille et lilas, un peu écœurante » réconcilie toutes les espèces. « Tous les papillons de la saison vont au budleya, miel, débauche, haschisch. » (Belles Saisons, 1945.) Même les sphinx auxquels elle tend un doigt mouillé d'un vin rosé qu'ils viennent boire d'une trompe « immatérielle », s'enivrent des thyrses mauves du buddléia « qui embaument comme une ruche au temps de la canicule : odeur de miel, odeur d'amande, de cire fine.... »
(Journal intermittent, 1949.)

Il est si prompt à s'installer où bon lui semble — avec un faible pour les décombres — qu'on le croirait spontané, comme le sureau ou le prunellier. Il n'est pourtant parmi nous que depuis une centaine d'années, découvert en Chine par le père David,

missionnaire français, vers la fin du XIXe siècle. Dans ses meilleures formes, c'est un arbuste éclatant pour la seconde moitié de l'été, un jaillissement d'épis arqués vivement colorés. Leur parfum de miel captive les papillons.
Malgré son aisance à se semer, *B. davidii* gagne à être cultivé en cultivars dénommés, tels 'Île de France', aux longs racèmes violet pur ; 'Empire Blue', à fleur bleu violacé et petit œil orange ; 'Harlequin', à feuille panachée de crème et fleur pourprée ; 'Royal Red', aux épis denses, rouge carmin ; ou 'White Bouquet', le plus parfumé, dont la fleur blanc pur à œil jaune se serre en immenses panicules. Pour les petits jardins et les potées, on peut adopter sa variante naine, *B. davidii* var. *nanhoensis* (1,50 m), à feuilles plus petites et à inflorescence cylindrique plutôt qu'en fuseau. On la trouve sous plusieurs formes : 'Alba', blanc pur ; 'Nanho Blue', bleu pâle ; et 'Nanho Purple', violet pourpré à cœur orangé. D'autres buddléias encore méritent place au jardin, dont *B. alternifolia*, vrai petit saule pleureur à fleurs. Mais les papillons, conservateurs, gardent leur préférence au vieux buddléia du père David.

Volupté

Rosier à fruit comestible
Rosa rugosa

« Il y a vingt-cinq ans, chez un arboriculteur bisontin, le hasard nous mit face à face, le rosier à fruit comestible et moi. Son feuillage grenu, rêche, chuchotant au vent, son églantine rouge me frappèrent moins que sa pomme régulière, à petit cimier de grenade, aigrelette, d'arrière-goût confit et fin. L'arboriculteur âgé mourut, son rosier aussi, et je parlai d'eux cent fois, et cent fois en vain je demandai : "Qui me dira où vit encore un seul rosier à fruit comestible ?" » (Prisons et paradis, 1932.)

En s'éprenant de ce rosier, Colette a plusieurs décennies d'avance. Aujourd'hui, elle dénicherait sans peine *Rosa rugosa*, le rosier rugueux : redevenu familier, il a été l'un des premiers, parmi les vieux rosiers délaissés, à retrouver place au jardin avec ses frères dits « botaniques ». Ce sont ces espèces à fleurs simples, robustes, faciles à vivre, qui ont rappelé aux jardiniers français qu'un rosier est d'abord un arbuste, capable d'apporter au jardin, d'un bout à l'autre de l'an, sa présence et son caractère.
Du caractère, le rosier rugueux n'en manque pas ; il en a jusqu'en plein hiver, avec son bois de hérisson.

Son feuillage plissé, vert intense, écœure chenilles et maladies, et l'été le couvre de grandes églantines satinées, grenat pourpré, à étamines chamois, tôt suivies de gros fruits ronds d'un rouge tomate. Et si le contraste aigrelet entre l'écarlate des fruits et la note violacée des fleurs est trop strident pour certains, rien n'oblige à l'endurer. Chez 'Alba', le blanc pur de la fleur rend plus vif encore, en août, l'orangé des premiers fruits. D'une vigueur éblouissante, 'Alba' dépasse 2 m en tous sens, contre 1,60 m pour son parent. Plus modeste — 1,50 m — mais irrésistible est 'Frau Dagmar Hastrup', née au Danemark vers 1900. Rose vif en bouton, sa fleur simple s'épanouit en rose tendre sans un soupçon de mauve, et le fruit carmin plutôt qu'orangé s'harmonise en douceur avec elle. D'autres variétés encore offrent des fleurs de différentes teintes, certaines semi-doubles ou doubles — ces dernières, naturellement, plus chiches des fameux fruits comestibles.
Comestibles, à vrai dire, tous les fruits de rosier le sont. Mais ceux du rosier rugueux l'emportent par la taille — et quelle générosité ! Un peu pâteux, finement sucrés, ils peuvent être dégustés crus mais se prêtent surtout à la confection d'étonnants coulis et sirops.

Roses anciennes

« Dans les jardins de mon enfance, on la prisait énorme, et franchement rose... Qui s'occupe encore de prôner la rose-chou, sa jupe second Empire ? » (*Prisons et paradis*, 1932.)

Quelle heureuse surprise aurait Colette aujourd'hui ! Les roses de son enfance sont de retour, devenues pour nous « roses anciennes » : non seulement la vraie rose chou, la centfeuilles Renaissance au parfum gourmand, avec sa fleur ronde et pleine, rose argenté, sur un buisson souple au feuillage clair d'une santé insolente ; mais ses jeunes sœurs alors dernier cri — 'Gloire des Mousseux' (1852), saumonée, 'Salet' (1854) au teint plus vif, et cent autres beautés de l'époque, Albas, Gallicas, Damascenas et autres.
En ce XIXe siècle mûrissant triomphaient les roses plantureuses, odorantes, un peu lourdes, sensuelles et candides à la fois, et dans tous les tons de rose — le pêche abricoté de 'Louise Odier' (Bourbon, 1851), le rose lumineux de 'Jacques Cartier' (Portland, 1868), le rose indien de 'Paul Neyron' (hybride remontant, 1869), le rose dragée de 'Mme Sancy de Parabère' (Boursault, 1874), énorme pivoine roulottée sur un haut buisson presque sans épine... Même les fleurs des premiers hybrides de thé, 'La France' (1867) ou 'Mme Abel Chatenay' (1875), pigeonnaient au goût du jour, roses et rondes et charnues, exquisément parfumées, douceur et langueur mêlées.
Pourtant, dès 1930, ces vieux rosiers sont démodés. Leur désaffection culminera dans les années 1950-70. Le grand public encense la fleur parfaite, hiératique, stylisée des hybrides de thé, celle qui encore aujourd'hui incarne *la* rose.
La rose, peut-être, mais pas le rosier. Il aura fallu des décennies pour que l'évidence éclate, mais les hybrides de thé et leurs frères à massifs sont presque tous d'une raideur imparable. Tout le contraire des rosiers anciens, arbustes à part entière qui se plaisent parmi les vivaces, les bulbes, les arbres fruitiers.
De la douceur, de la souplesse, un caractère sociable : les rosiers d'antan ont bien mérité leur retour en grâce. Collectionneurs et passionnés les ont retrouvés dans les vieux jardins. Ils les ont multipliés, ont plaidé leur cause ; le charme de leurs protégés a opéré.
Mieux, les rosiéristes d'aujourd'hui, redécouvrant les roses anciennes, s'en inspirent pour leur donner de jeunes sœurs dignes d'elles, robustes, parfumées, refleurissant tout l'été. Les « roses anglaises » de David Austin, pionnières des années 1980, ont désormais de jolies rivales en France et ailleurs. L'une d'elles n'a-t-elle pas nom 'Colette', coupelle de coquillages corail à reflets rose empire — comme il se doit ?
Mais la bonne nouvelle chez les roses, c'est qu'aujourd'hui la mode est plurielle. De même que les couturiers n'imposent plus la hauteur de l'ourlet, la vogue d'un certain type de roses ne déclasse plus toutes les autres. Désormais le rosomane peut savourer tout à la fois les rondeurs fuchsia d'une 'Madame Isaac Pereire' (Bourbon, 1881), l'élégance anguleuse d'une 'Impératrice Farah', hybride de thé contemporain, ivoire à ongles carmin, et le feu poudré d'or de 'Scharlaglüt' (Macrantha, 1952), la plus sanguine des roses à fleurs simples.

Rosiers de garde-barrière

Rosa x wichuraïna et autres

«La soif de voir fleurir n'est pas un superflu. C'est au flanc des demeures pauvres que s'épanouissent les prodigieux rosiers. J'en connais plusieurs qui ont mon âge, j'en sais un qui est deux ou trois fois centenaire, tout haillonneux d'écorces éclatées. Il ne manque jamais, par une nuit de mai, de répandre brusquement son lait crémeux de petites roses innombrables, serrées... Des générations humbles l'ont applaudi, aimé, secouru d'un coup de cisailles pour qu'il soit, l'année suivante, glorieux de fleurs. S'il meurt, il sera plus pleuré que l'ancêtre, plus regretté que le vieux cheval, que la vache sans prix...» (Trait pour trait, 1949).

Rosiers de garde-barrière. Le terme est de Colette, et sa poésie reste ouverte à toutes les interprétations, mais comme il convient bien à ces rosiers prodigues de « roses torrentielles » que sont les grimpants ! Rosiers de garde-barrière, ils le sont parce qu'ils attirent l'œil depuis la fenêtre du train, châles de fleurs un peu fous festonnant les jardinets sages en bordure de la voie ferrée. Rosiers de garde-barrière, ils le sont par leur bonne grâce à se laisser bouturer, garant de leur ubiquité dans les jardins de cheminots — pompons glace à la fraise de 'Dorothy Perkins' (1901) ou églantines framboise d''American Pillar' (1902) pour ne nommer que ces deux-là, tous deux Wichuraïana, tous deux indéfectiblement liés à la brique des gares de province. Rosiers de garde-barrière, ils le sont par l'exubérance dont ils étreignent les clôtures et qui fait d'eux, à leur façon, des garde-barrière. Rosiers de garde-barrière enfin, ils le sont par la longévité, car c'est dans les jardins les plus humbles, comme l'observe si bien Colette, qu'ils reçoivent le plus sûrement les soins du « bienveillant sécateur » qui fera d'eux des centenaires.

À l'instar des rosiers buissons, ils fleurissent dans tous les styles, des gros bouquets blancs à fleurs de cerisier de 'Bobbie James' (Multiflora, 1960) aux corolles pleines, rose indien, de 'Zéphyrine Drouhin' (Bourbon, 1868), sans épine ; et leurs avalanches s'échelonnent de début mai, avec 'Neige d'Avril' (Multiflora, 1908) à l'automne pour les « remontants » qui fleurissent un peu tout l'été — quoique jamais avec l'abandon de leurs frères à explosion unique.

SNHF, Société nationale d'horticulture de France
84, rue de Grenelle,
75007 PARIS.
Tél. : 01 44 39 78 78.
Fax : 01 44 39 78 95.
Cours, conférences, bibliothèque, service de renseignements, bourses et échanges de graines et boutures, sorties et visites. Différentes sections — plantes vivaces, jardins fruitiers, arbres et arbustes d'ornement, camélias, plantes succulentes, etc. Nombreuses sociétés affiliées en province. Cotisation annuelle (1998) : 180 F
Revue mensuelle : *Jardins de France*.

CCVS, Conservatoire français des collections végétales spécialisées
84, rue de Grenelle,
75007 PARIS.
Tél. : 01 44 39 78 84.
Fax : 01 44 39 78 85.
Fournit les adresses des collections spécialisées en France (pépinières ou collectionneurs privés).
Revue trimestrielle : *Hommes et Plantes*.

APBF, Association des parcs botaniques de France, 15 *bis*, rue de Marignan, 75008 Paris.
Tél. (le mardi après-midi) : 01 42 56 26 07.
Pour les passionnés de ligneux, arbres et arbustes.

RHS, Royal Horticultural Society
(Grande-Bretagne)
80 Vincent Square,
London SW1P 2PE,
Grande-Bretagne
Tél. : (00 44) 171 834 4333.
Fax : (00 44) 171 630 6060. www. rhs. org. uk.
Revue (mensuelle) : *The Garden*
L'adhésion annuelle inclut l'abonnement à la revue mensuelle, des entrées à prix réduit dans de nombreuses manifestations horticoles britanniques, et, chaque année, trente sachets de graines gratuits à choisir parmi une liste d'un millier d'espèces ornementales, pour la plupart peu courantes (arbres, arbustes, vivaces, bulbes, annuelles et bisannuelles).

Quelques collections et fournisseurs spécialisés
Liste très succincte ; pour complément, voir CCVS, adresse ci-dessus. Les conditions et horaires d'ouverture étant très variables, toujours téléphoner au préalable. Pour d'autres adresses de fournisseurs spécialisés, voir les annonceurs dans les pages des revues ci-dessus ou se référer à l'ouvrage 35 000 plantes *(voir Bibliographie).*

Agrumes (*Citrus*) :
• Palais Carnoles, service des Espaces verts, 06500 Menton.
Tél. : 04 93 57 87 87.
Fax : 04 93 57 78 78.

Bégonias (*Begonia*) :
• Conservatoire du bégonia, Centre horticole, 1, rue Charles Plumier, 17300 Rochefort.
Tél. : 05 46 99 08 26.

Camélias (*Camellia*) :
• Parc de Trevarez, Domaine départemental de Trevarez, 29119 Saint-Goazec.
Tél. : 02 98 26 82 79.
• Jardin des plantes de Nantes, service des Espaces verts, 11, bd de Stalingrad, 44000 Nantes (face à la gare SNCF).
Tél. : 02 40 41 65 02 ou 02 40 41 98 67.
• Parc floral de Paris, Bois de Vincennes, Esplanade du Château, 75012 Paris.
Tél. : 01 43 74 60 49.
Fax : 01 43 65 46 42.

Clématites (*Clematis*) :
• Parc de Bagatelle, Bois de Boulogne, métro Porte Maillot ou Pont de Neuilly.
Tél. : 01 40 67 97 00.
Fax : 01 46 24 67 00.
• Parc floral de Paris, Bois de Vincennes, Esplanade du Château, 75012 Paris.
Tél. : 01 43 74 60 49.
Fax : 01 43 65 46 42.

Dahlias :
• Parc floral de Paris, Bois de Vincennes, Esplanade du Château, 75012 Paris.
Tél. : 01 43 74 60 49.
Fax : 01 43 65 46 42.
• Muséum national d'histoire naturelle, service des Cultures, 43, rue Buffon, 75005 Paris.
Tél. : 01 40 79 33 16.
Fax : 01 40 79 34 84.
• Graines Baumaux, BP 100, 54063 Nancy.
Tél. : 03 83 15 86 86.
Fax : 03 83 15 86 80.
(Également : graines de fleurs et légumes, choix très vaste.)

Figuiers (*Ficus carica*) :
• Conservatoire botanique national de Porquerolles, Le Hameau agricole, Île de Porquerolles, 83400 Hyères.
Tél. : 04 94 58 31 16.
Fax : 04 94 65 84 83.
• Jardin du Luxembourg, jardin fruitier, 64, bd Saint-Michel, 75006 Paris.
Tél. : 01 42 34 23 62.

Fleurs sauvages (graines) :
• Le Jardin de Sauveterre, Jacques Girardeau, Laboutant, 23220 Moutier-Malcard.
Tél. : 05 55 80 60 24.

Glycines (*Wisteria*) :
• Pépinières botaniques Jean Thoby, Château de Gaujacq, 40330 Amou.
Tél. : 05 58 89 24 22.
Fax : 05 58 89 06 62.

Iris des jardins (*Iris germanica*) :
• Muséum national d'histoire naturelle, service des Cultures, 43, rue Buffon, 75005 Paris.
Tél. : 01 40 79 33 16.
Fax : 01 40 79 34 84.

Légumes anciens (graines) :
• Le Biau Germe, 47360 Montpezat. Tél. et Fax : 05 53 95 95 04.
• Terre de semences, Dominique Guillet, BP 2, 03210 Saint-Menoux.
Tél. : 04 70 43 96 92.
Fax : 04 70 43 96 83.

Lilas (*Syringa*) :
• École du Breuil, route de la Ferme, Bois de Vincennes, 75012 Paris.
Tél. : 01 42 28 28 94.
Fax : 01 43 65 34 59.

Mimosas (*Acacia*) :
•Villa Thuret, 62, bd du Cap (Chemin Raymond), BP 2078, 06606 Antibes Cedex.
Tél. : 04 93 67 88 66.
Fax : 04 93 67 88 25.
• Pépinières Gérard Cavatore, 488, chemin de Bénat, 83230 Bormes-les-Mimosas.
Tél. : 04 94 71 22 68.
Fax : 04 94 71 33 67.

Orchidées :
• Muséum national d'histoire naturelle, service des Cultures, 43, rue Buffon, 75005 Paris. Tél. : 01 40 79 33 16. Fax : 01 40 79 34 84.
• Orchidées Marcel Lecoufle, 5, rue de Paris, 94470 Boissy-Saint-Léger. Tél. : 01 45 69 12 79. Fax : 01 45 98 34 19.

Pélargoniums (*Pelargonium*) :
• Collection nationale gérée par la mairie de Bourges, 18000 Bourges. (Pélargoniums odorants) :
• Jardin botanique Yves Rocher, La Croix des Archers, 56200 La Gacilly. Tél. : 02 99 08 58 11. Fax : 02 99 08 10 91.

Pivoines (*Paeonia*) :
• Muséum national d'histoire naturelle, service des Cultures, 43, rue Buffon, 75005 Paris. Tél. : 01 40 79 33 16. Fax : 01 40 79 34 84.
• Pépinières Rivière, La Plaine, 26400 Crest. Tél. : 04 75 25 44 85. Fax : 04 75 76 77 38.

Plantes aromatiques et médicinales :
• Conservatoire national des plantes médicinales, aromatiques et industrielles, route de Nemours, 91490 Milly-la-Forêt. Tél. : 01 64 98 83 77.
• Jardin botanique Yves Rocher, La Croix des Archers, 56200 La Gacilly. Tél. : 02 99 08 58 11. Fax : 02 99 08 10 91

Roses anciennes :
• Roseraie de l'Haÿ-les-Roses, rue Albert-Watel, 94240 L'Haÿ-les-Roses. Tél. : 01 47 40 04 04. Fax : 01 43 99 71 08.
• Parc de Bagatelle, Bois de Boulogne, métro Porte Maillot ou Pont de Neuilly. Gestionnaire : mairie de Paris. Tél. : 01 40 67 97 00. Fax : 01 46 24 67 00.
• Pépinières André Eve-Roseraie de Pithiviers, BP 206, 45302 Pithiviers. Tél. : 02 38 30 01 30. Fax : 02 38 30 71 65.
• Bernard Boureau, BP 8, 28 bis, rue du Maréchal-Gallieni, 77166 Grisy-Suisnes. Tél. : 01 64 05 91 83. Fax : 01 64 05 97 66.
• Roses d'Antan, EARL Pépinières de Kermunut, 22200 Grâces-Guingamp. Tél. : 02 96 44 41 10. Fax : 02 96 21 35 41.

BIBLIOGRAPHIE

Œuvres de Colette
• *Claudine à l'école*, Paris, Ollendorff, 1900.
• *Claudine à Paris*, Paris, Ollendorff, 1901.
• *Claudine en ménage*, Paris, Mercure de France, 1902.
• *Claudine s'en va*, Paris, Ollendorff, 1903
• *Minne*, Paris, Ollendorff, 1904.
• *Dialogues de bêtes*, Paris, Mercure de France, 1904.
• *Les Égarements de Minne*, Paris, Ollendorff, 1905
• *Sept dialogues de bêtes*, préface de Francis Jammes, Paris, Mercure de France, 1906.
• *La Retraite sentimentale*, Paris, Mercure de France, 1907.
• *Les Vrilles de la vigne*, Paris, Paris, Éditions de la Vie parisienne, 1908.
• *L'Ingénue libertine*, Paris, Ollendorff, 1909.
• *La Vagabonde*, Paris, Ollendorff, 1911.
• *L'Envers du music-hall*, Paris, Flammarion, 1913.
• *L'Entrave*, Paris, Librairie des Lettres, 1913.
• *Prrou, Poucette et quelques autres*, Paris, Librairie des Lettres, 1913.
• *La Paix chez les bêtes*, Paris, Arthème Fayard, 1916.
• *Les Heures longues, 1914-1917*, Paris, Arthème Fayard, 1917.
• *Les Enfants dans les ruines*, Paris, Éditions de la Maison du Livre, 1917.
• *Dans la foule*, Paris, Georges Crès et Cie, 1918.
• *Mitsou ou Comment l'esprit vient aux filles*, Paris, Arthème Fayard, 1918.
• *En camarades*, Paris, Arthème Fayard, 1918.
• *La Chambre éclairée*, Paris, Édouard Joseph, 1920.
• *Chéri*, Paris, Arthème Fayard, 1920.
• *La Maison de Claudine*, Paris, J. Ferenczi et fils, 1922.
• *Le Voyage égoïste*, Paris, Éditions d'art Ed. Pelletan, 1922.
• *Le Blé en herbe*, Paris, Flammarion, 1923.
• *Rêverie du nouvel an*, Paris, Stock, 1923.
• *La Femme cachée*, Paris, Flammarion, 1924.
• *Aventures quotidiennes*, Paris, Flammarion, 1924.
• *Quatre saisons*, Paris, Philippe Ortiz, 1925.
• *L'Enfant et les Sortilèges*, livret pour une musique de Maurice Ravel, Paris, Durand et Cie, 1925.
• *La Fin de Chéri*, Paris, Flammarion, 1926.
• *La Naissance du jour*, Paris, Flammarion, 1928.
• *Renée Vivien*, Abbeville, F. Paillart, 1928.
• *La Seconde*, Paris, J. Ferenczi et fils, 1929.
• *Sido*, Paris, Éditions Krâ, 1929.
• *Histoires pour Bel-Gazou*, Paris, Stock, 1930.
• *Douze dialogues de bêtes*, Paris, Mercure de France, 1930.
• *Paradis terrestres*, Lausanne, Gonin et Cie, 1932.
• *La Treille muscate*, Paris, Aimé Jourde, 1932.
• *Prisons et Paradis*, Paris, J. Ferenczi et fils, 1932.
• *Ces Plaisirs…*, Paris, J. Ferenczi et fils, 1932.
• *La Chatte*, Paris, Grasset, 1933.
• *Duo*, Paris, J. Ferenczi et fils, 1934.
• *La Jumelle noire*, Paris, J. Ferenczi et fils, 1934-1938.
• *Discours de réception à l'Académie royale de Belgique*, Paris, Grasset, 1936.

• *Mes Apprentissages*, Paris, J. Ferenczi et fils, 1936.
• *Chats*, Paris, Jacques Nam, 1936.
• *Splendeurs des papillons*, Paris, Plon, 1937.
• *Bella-Vista*, Paris, J. Ferenczi et fils, 1937.
• *Le Toutounier*, Paris, J. Ferenczi et fils, 1939.
• *Chambre d'hôtel*, Paris, Arthème Fayard, 1940.
• *Mes Cahiers*, Paris, Aux Armes de France, 1941.
• *Le Pur et l'Impur*, Paris, J. Ferenczi et fils, 1941. Nouveau titre de l'ouvrage préalablement intitulé *Ces Plaisirs*...
• *Journal à rebours*, Paris, Arthème Fayard, 1941.
• *Julie de Carneilhan*, Paris, Arthème Fayard, 1941.
• *De ma fenêtre*, Paris, Aux Armes de France, 1942.
• *De la patte à l'aile*, Paris, Corrêa, 1943.
• *Flore et Pomone*, Paris, Éditions de la Galerie Charpentier, 1943.
• *Nudité*, Bruxelles, Éditions de la Mappemonde, 1943.
• *Le Képi*, Paris, Arthème Fayard, 1943.
• *Gigi*, Lausanne, La Guilde du Livre, 1943.
• *Noces*, Lausanne, La Guilde du Livre, 1943.
• *Broderie ancienne*, Monaco, Éditions du Rocher, 1944.
• *Paris de ma fenêtre*, Genève, Éditions du Milieu du Monde, 1944.
• *Trois... Six... Neuf...*, Paris, Corrêa, 1944.
• *Belles saisons*, Paris, Éditions de la Galerie Charpentier, 1945.
• *Une amitié inattendue*. Correspondance de Colette et de Francis Jammes, introduction et notes de Robert Mallet, Éd. Emile-Paul frères, 1945.
• *L'Étoile Vesper*, Genève, Éditions du Milieu du Monde, 1946.
• *Pour un herbier*, Lausanne, Mermod, 1948.
• *Trait pour trait*, Paris, Éditions Le Fleuron, 1949.
• *Journal intermittent*, Paris, Éditions Le Fleuron, 1949.
• *Le Fanal bleu*, Paris, J. Ferenczi et fils, 1949.
• *La Fleur de l'âge*, Paris, Éditions Le Fleuron 1949.
• *En pays connu*, Paris, Éditions Manuel Bruker, 1949.
• *Chats de Colette*, Paris, Albin Michel, 1949.
• *À portée de la main*, Paris, Éditions Le Fleuron, 1949.
• *Autres bêtes*, Paris, Éditions Le Fleuron, 1949.
• *Mélanges*, Paris, Éditions Le Fleuron, 1949.
• *Ces Dames anciennes*, Éditions Estienne, 1954.

Œuvres posthumes

• *Paysages et Portraits*, Paris, Flammarion, 1958.
• *Lettres à Hélène Picard*, Paris, Flammarion, 1958.
• *Lettres à Marguerite Moreno*, Paris, Flammarion, 1959.
• *Lettres de la vagabonde*, Paris, Flammarion, 1961.
• *Lettres au petit corsaire*, Paris, Flammarion, 1963.
• *Contes des mille et un matins*, Paris, Flammarion, 1970.
• *Lettres à ses pairs*, Paris, Flammarion, 1972.
• « Gîte d'écrivain », *Derniers écrits*, Œuvres complètes, Genève, Éditions de Crémille, 1972.
• « Vie et mort du phyllocactus », *Derniers écrits*, Œuvres complètes, Genève, Éditions Crémille, 1972.
• *Lettres à Moune et au Toutounet, 1929-1954*, Paris, Éditions des Femmes, 1985.
• *Lettres aux petites fermières*, Paris, Castor astral, 1992.
• *Lettres à Annie de Pène et Germaine Beaumont*, Paris, Flammarion, 1995.

Œuvres complètes

• *Œuvres complètes*, Éditions Le Fleuron, Paris, Flammarion, 1948-1950, 15 volumes.
• *Œuvres complètes*, Genève, Éditions de Crémille, 1969.
• *Œuvres complètes de Colette*, Club de l'Honnête Homme, 1973, 16 volumes.
• *Œuvres*, Paris, Gallimard, Bibliothèque de la Pléiade, tome I, 1984, tome II, 1986, tome III, 1991, tome IV à paraître.
• *Colette*, Paris, Laffont, collection « Bouquins », 1989, 3 volumes.

Articles

• *Le Figaro*, 30 octobre 1937, *in* Pléiade, t. 3, p. 1832.
• Éphémérides in *Almanach de Paris an 2000*, présenté par le Cercle d'échanges artistiques internationaux, Gescofi, 1949.
• Interview in *C'est la vie !* n° 2, 18 novembre 1949.
• Interview in *Ici Paris*, 25 mars 1947.
• Interview in *Marie-Claire*, 24 mai 1940.
• « Les petites », *Le Matin*, 7 mars 1912, *in* Pléiade, t. 2, p. 1089.
• *Var Magazine*, mai 1997.
• *Le Figaro magazine*, 30 juin 1997.

Autres ouvrages cités sur Colette

• *Cahiers Colette*, Société des amis de Colette, n° 14.
• Chauvière Claude, *Colette*, Paris, Firmin-Didot, 1931.
• Clifford Barney Natalie, *Souvenirs indiscrets*, Paris, Flammarion, 1960.
• Goudeket Maurice, *Près de Colette*, Paris, Flammarion, 1956.
• Goudeket Maurice, *La Douceur de vieillir*, Paris, Flammarion, 1965.

Ouvrages de botanique cités ou recommandés

• Anonyme, *Histoire des plantes de l'Europe et des plus usitées qui viennent d'Asie, d'Afrique et d'Amérique*, Lyon, Nicolas Deville, 1719.
• APBF, ouvrage collectif, *Guide des Jardins botaniques de France*, Paris, Pandora Éditions, 1991.
• Austin David, *Découvrir les roses anciennes et anglaises*, Paris, La Maison rustique, 1993.
• Beucher Patricia, *Roses anciennes d'hier et d'aujourd'hui*, Paris, Nathan, 1993.
• Hansen Richard et Stahl Friedrich, *Les Plantes vivaces et leurs milieux*, Paris, Eugen Ulmer, 1992.
• RHS, ouvrage collectif (en anglais), *The New Royal Horticultural Society Dictionary of Gardening*, Londres, The MacMillan Press Ltd., 1992.
• Serres Olivier de, *Le Théâtre d'Agriculture et Mesnage des Champs*, Arles, Actes Sud, 1997 (première publication : 1600).
• SNHF (ouvrage collectif), *35 000 plantes*, Paris, Eugen Ulmer, 1997.
Pour le passionné de plantes, une bible et un irremplaçable carnet d'adresses : où découvrir espèces et variétés (collections, arboretums, parcs et jardins, fêtes des plantes), où se procurer ces plantes (répertoire de fournisseurs), comment les choisir (rusticité, acclimatation), les planter, les soigner, les nommer (explication des noms latins, répertoire de noms vernaculaires), et bien d'autres informations encore. Contient également une bibliographie très complète.

Index des noms des plantes

(les numéros en gras renvoient aux fiches botaniques)

Table des matières

Crédits photographiques

p. 2, 40, 88, 94, 102, 131 : Bibliothèque nationale de France
p. 35 : Coll. Anne de Jouvenel, musée Colette, Saint-Sauveur 89
p. 6, 14, 17, 22-23, 164 : Harlingue-Viollet
p. 12, 39, 100 : D.R.
p. 96 : photo Reutlinger-SPADEM, coll. B. de J.
p. 62, 137 : Archive Photos France
p. 62, 144 : Archive photos/Tal
p. 148 : photo Doisneau/Rapho
p. 83 : photo A. Kertész © ministère de la Culture, France
p. 110 : photo J.-H. Lartigue © ministère de la Culture, France/A.A.J.H.L.
p. 86, 130, 132, 133, 141, 153 : J.-L. Charmet
p. 162 : Paris Match © Izis (Scoop)

Notes

1. Claude Chauvière, Colette, Firmin-Didot, 1931, p. 9.
2. Maurice Goudeket, Près de Colette, Flammarion, 1956.
3. *Id.*
4. *Id.*
5. *Id.*
6. *Id.*
7. *Id.*
8. *Id.*
9. *Id.*
10. *Id.*
11. « Seul un portrait de jeune femme par Marie Laurencin avait, pour son côté imprécis et vaporeux, échappé à l'ostracisme de Colette. » Goudeket, op. cit., p. 246.
12. *Dictionnaire universel d'histoire naturelle* (Paris, Langlois et Leclercq-Masson, 1839-1849) de Charles Dessalines d'Orbigny (1806-1876) en vingt-quatre volumes.
13. *Annales de Flore et de Pomone ou journal des jardins et des champs*, Paris, Rousselon, 1834-1838.
14. La mère et la fille partagent le même enthousiasme pour les *Souvenirs entomologiques (1879-1907)* de Jean-Henri Fabre (1823-1915). Sido avait même programmé de le rencontrer lors d'une de ses visites dans la capitale. Cf. Sido, *Lettres à sa fille*, 27 mai 1912, p. 504.
15. *L'horticulteur universel ou Journal général des jardiniers et amateurs présentant l'analyse raisonnée des travaux horticoles français et étrangers* par C. Lemaire, Paris, Cousin, 1839-1844, 3 vols.
16. Ici, Colette a confondu saxifrages et fraxinelles.

Remerciements

L'auteur désire exprimer tout particulièrement ici sa reconnaissance à Rose-Marie Vassallo, auteur des fiches historiques et pratiques, qui a admirablement su traduire l'âme jardinière de Colette. Nul doute que Colette en aurait été elle-même enchantée...
L'auteur tient également à remercier très chaleureusement les personnes suivantes : Mme Marguerite Boivin et M. Foulques de Jouvenel, pour leur fidèle amitié ; M. Étienne Asteggiano et Mme Nouche Thomas, pour leurs irremplaçables témoignages sur le jardin de la Treille muscate ainsi que M. Robichon, antiquaire à Saint-Tropez ; M. Claude Renouard, conservateur du musée Colette à Saint-Sauveur-en-Puisaye et M. Frédéric Peron, libraire du musée ; M. André Gayraud, pépiniériste, pour ses précieux renseignements sur l'introuvable poire 'Messire-Jean' ; Hélène Leclert, Martine Vallon et Françoise Villedieu, pour leur bienveillante complicité ; M. et Mme Guy Barbier (36800 Le Pont-Chrétien Chabenet), vanniers de grand talent ; Dame Leloup, pour ses fleurs ; Mme Nicole Arboireau, M. et Mme Cochet, Mme Hennet, M. Frédéric Lhomme, Mme Aimée Nuret, M. et Mme Jean Nuret, Mme Annick Querville pour leurs jardins vivants, foisonnants et pleins de charme, ainsi que quelques personnes qui n'ont pas tenu à êtres citées et qui reconnaîtront leur jardin dans ces pages.

Conception graphique :
Marc Walter - Bela Vista

P.A.O : Florence Cailly - Bela Vista

22, rue Huyghens, 75014 Paris
ISBN : 2-226-10540-9

Photogravure : Bussière, Paris
Impression et reliure : Mame Imprimeurs, Tours

Achevé d'imprimer en juin 1998
N° d'édition : 17605
N° d'impression : 98052036
Dépôt légal : octobre 1998